CW00515640

'Entirely surrounded, outnumbered six to one, battered and hungry, a gallant 300 Māori men and women manned the crumbling battlements of Ōrākau Pā and flung defiance in the face of the British general who asked them to surrender.

The Dominion, *1940, publicising the film* Rewi's Last Stand

Rewi defying the British troops at Ōrākau, as illustrated by the *Auckland Weekly News* in 1893 from the viewpoint of the pā.
Alexander Turnbull Library, C-033-004

WITI IHIMAERA

SLEEPS STANDING

MOETŪ

WITH HĒMI KELLY

VINTAGE

VINTAGE

UK | USA | Canada | Ireland | Australia
India | New Zealand | South Africa | China

Vintage is an imprint of the Penguin Random House group of companies,
whose addresses can be found at global.penguinrandomhouse.com.

Penguin
Random House
New Zealand

First published by Penguin Random House New Zealand, 2017

10 9 8 7 6 5 4 3 2 1

Cover image: iStock, Jag_CZ; photo of Witi Ihimaera © Massey University
Cover design by Kate Barraclough © Penguin Random House New Zealand
Text design by Emma Jakicevich © Penguin Random House New Zealand
Printed and bound in China by RR Donnelley Asia Printing Solutions Ltd

A catalogue record for this book is available from the National Library of New Zealand.

ISBN 978-0-14377-111-1
eISBN 978-0-14377-112-8

The assistance of Creative New Zealand towards the production of this book is gratefully
acknowledged by the publisher.

penguin.co.nz

Contents

Whakamihi

We thank Kāwhia Te Muraahi of Ngāti Maniapoto (Ngāti Paretekawa) for opening Sleeps Standing *with a ritual takitaki.*

Stan Pardoe of Ruapani and Rongowhakaata also gave ongoing moral support for the Ōrākau kaupapa. We are grateful to them both for supporting this special project to honour those who fought at Ōrākau. Those ancestors will always be remembered; they can be seen still in the faces of the descendants left behind.

Pānia Papa of Ngāti Korokī Kahukura checked the te reo Māori text, curated it and advised on dialectal differences, word selection and language nuances to effectively portray the essence of the English text.

Finally, thanks to Tom Roa of Waikato-Maniapoto for advice on Ngāti Maniapoto, tribal battle tactics and, in particular, the children who fought at Ōrākau.

He takitaki ki te mate

Taka ka taka, taka ka taka, ka taka te mōtoi kura
E kapo ki te whetū, e kapo ki te marama
E kapo ki te ata o taku raukura kua ngaro
Kimihia, rangahaua kei whea koutou kua riro?
Tēnā, kua riro ki Paerau, ki te huinga o te kahurangi, oti atu koutou e
Ki te pō uriuri, ki te pō tangotango, ki te pō tiwhatiwha
Ki te wahangūtanga kei te korekore
I whatiia iho ai te kuru o te marama, tau ki raro rā
E te mate, kei whea rā te unuhanga, te puni rangatira kua ngaro?
Kei ngā pakanga pea o Paerangi?
I paheke ai a Whiro te tipua ki Tāhekeroa, ki te pō naonao?
E te mate, kei whea rā te hekenga o aku kuru pounamu ka mania?
Kei te puapua o Hine-kuku-tangata
Kūtia rawatia a Māui-tikitiki, tau ki raro rā
Ngā whare ariki, ngā whare tohunga, ngā whare tū tauā
Ngā rūruhi, wāhine, mokopuna o ngā iwi huhua i mate atu i te hoari,
i te pū
Koutou i hingahinga atu rā i te mura o te ahi, i te marae o Tūmatauenga
I Ōrākau te kauhanga riringa o ngā iwi e rua
Takahia atu rā Te Ara-whānui-o-Tāne, tūria atu rā Te Tatau-o-te-Pō
Ki Wharaurangi, ki a Hine-nui-i-te-pō
Auē taukiri e

Kāwhia Te Muraahi
President
The Battle of Ōrākau Heritage Society Inc.

"I believe the Kingites have composed a haka about me. It's a delightful thing, if a man can cultivate a sense of humour. How does it go?

'He kau ra,
He kau ra,
U --- u!
He kau Kawana koe
Kia miti mai te raurekau
A he kau ra, he kau ra!
U --- u --- u!

"There's a swing to it and I'm not sure that I couldn't chant it quite enthusiastically myself.

'Oh, a cow
A cow
U --- u!
You are a cow, O Governor
You lick up all the vegetation;
A cow: oh such a cow!
U --- u --- u!'"

(extract from Rewi's Last Stand, *A.W. Reed, A. H & A. W. Reed, 1924)*

Prelude

The summer had passed

Witi Ihimaera

The summer had passed, the autumn was come and the days were shorter. Migrating birds flew overhead, calling to each other across the chill streaming air.

Rewi Manga Maniapoto pondered the changing Māori world. The last few years had been filled with wars followed by political negotiations to establish the supremacy of the Māori King in the Waikato, and then with military manoeuvring as Governor Grey tried to unseat him. In the King's name, Rewi had taken a Ngāti Maniapoto army to fight alongside Taranaki tribes against the Governor and his British troops who had invaded the lands to the west. Rewi saw enough to convince him that Grey intended to carry on asserting himself over Māori and taking their land. When Rewi returned to the Waikato, he found the people oscillating between hopes of living as Māori and living equally with Pākehā.

Opinions were divided among Maniapoto and other kin of Waikato on how to deal with the situation. At a great hui of the chiefs, the Union Jack and the King's flag — white with a red border and two crosses, the symbol of Christianity — were both flying. When an objection was made to the King's flag, Rewi strode forward in a rage, pulled it down and threw it at the foot of the Union Jack to signify the utter subjection of the Māori if they didn't wake up.

Would attempts at procrastination have worked anyway? Intent on conquest, Grey had already persuaded settlers living in Auckland that they were at risk of being wiped out by hordes of Māori rebels from the

King Country. He had instigated a 'defensive' war. A rolling tide of the Governor's bayonets and big guns advanced into the Waikato.

In October–November 1863 at Meremere, combined Māori forces held back the British troops, but they were eventually forced to withdraw to their second line of defence at Rangiriri. There, on 21 November, the British won the pā from Waikato by a deception — but Maniapoto vowed to fight on.

On 9 December at Ngāruawāhia, the King's capital was captured by the Waikato flotilla. The Governor's peace terms required that all land and arms be surrendered. When these terms were rejected, the King's forces fell back to their third line of defence: protecting their key agricultural foodbasket at Rangiaowhia. However, on 21 February, British soldiers burnt down the undefended village there.

In the sky had appeared a sign of war: a crescent moon enclosing a star. The moon represented a fort. The star was a war party attacking the fort.

Three thousand British and colonial soldiers were ready to advance into the Waipā. With the sign above him, Rewi drew the fourth and final line on the earth below.

30 March 1864. Here at Ōrākau will be the final stand.

Introduction

Friend, we shall fight on for ever

Hēmi Kelly

Whakarongo mai te rūnanga, me ngā iwi: Ko te whawhai tēnei i whāia mai e tātou, ā, i oma hoki hei aha? Ki tōku mahara hoki, me mate tātou, mate ki te pakanga, ora tātou, ora ki te marae o te pakanga.

Listen to me, chiefs of the council and all the tribes! It was we who sought this battle, wherefore, then, should we retreat? This is my thought: Let us abide by the fortune of war; if we are to die, let us die in battle; if we are to live, let us survive on the field of battle.

> *Rewi Manga Maniapoto, quoted in James Cowan,*
> The New Zealand Wars, *1923*

1.

Sleeps Standing has been written to honour the people of Ngāti Maniapoto, whose ancestors fought British and colonial troops in one of the most inspiring encounters of the New Zealand Wars. It has also been written and published to acknowledge the extraordinary decision, supported by the Crown in 2016 and enacted in 2017, to honour the New Zealand Wars with future commemorative events. The inspiration for this decision came out of submissions made to Government about the Battle of Ōrākau.

While reading the various accounts of Ōrākau, I couldn't help feeling overwhelmed with admiration at the bravery and selflessness exhibited by the assembled iwi, who faced an insurmountable battle. Hītiri Te Paerata of Ngāti Te Kohera explained this in his account of the conflict: 'It became as a forlorn hope with us; no one expected to escape, nor did we desire to; were we not all the children of one parent? Therefore we all wished to die together.'

The encounter has been considered the decisive action in the Waikato War. The battle lasted three days, 31 March to 2 April 1864. The pā had been quickly constructed during the final days of March; and while Rewi Maniapoto had called for supporters from other tribes to help in the fight, the British troops had prevented most of them from crossing their lines into the redoubt.

It is estimated that, at the height of the battle, 1700 immensely superior soldiers, well armed and supplied, laid siege to the pā where the defenders totalled just over 300, a third of them women and children. The defenders resisted heavy gunfire, cannon and hand-grenade attacks. They were severely lacking in provisions and ammunition, and had no water. Surrounded by troops, they were weary with being constantly on the alert and with the bombardment and fighting.

On the final day of the battle, Lieutenant-General Duncan Cameron ordered Captain Gilbert Mair and another officer, R. C. Mainwaring, to negotiate a truce, and called for the defenders to submit. If they did, he would spare all.

The reply was given:

E hoa, ka whawhai tonu mātou, ake, ake, ake!
Friend, I shall fight against you for ever, for ever!

The defenders refused to leave in the same circumstances as their Waikato relatives had done at Rangiriri. There, a white flag had been raised — the international sign of protection and an indication of a truce or ceasefire and a request for a negotiated peace. The British had chosen to interpret the flag as a sign of surrender.

The iwi of Ōrākau would not kiss the ground beneath the feet of the soldiers. Even when the pā was on the brink of being overrun, Rewi's words and similar exhortations by other leaders inspired the men, women and children of Ōrākau to fight on, no matter that they were overwhelmed. With war chants and karakia on their lips, they ultimately chose death on the battlefield rather than to submit or surrender.

3.

The New Zealand Wars are a colossal part of our history. Full knowledge of them has lain dormant for many years, and only lately have they begun to appear in the curriculum.

In the case of Ōrākau, those ancestors lived by the warrior's maxim, 'Me mate te tangata, me mate mō te whenua (the warrior's death is to die for the land).' Like so many others who fought and fell in the New Zealand Wars of the nineteenth century, they battled to retain the mana of the land and all its prosperities, not for their own personal gain but for the interests of those yet to come. Over 150 years later, we must ask ourselves the question: how do we honour the deaths of those who fell on the battlefields across this country?

The Battle of Ōrākau, fought on the banks of the Pūniu River, marked the end of the war in the Waikato. After that battle, the Government carried out a wholesale raupatu (confiscation) of Maniapoto and Waikato lands for European settlement. A blockhouse remained on the site until 1875, in case of a fresh native outbreak. In recent years, Ngāti Maniapoto has commemorated the battle on the site where it was fought. In 2010 a small gathering took place to discuss plans for the 150th commemoration of the battle in 2014. Each year thereafter the hui have grown to include descendants of the various iwi who joined Rewi. The slogan 'Homai te rā, give us the day' arose out of the commemorations — a demand that the Government acknowledge this integral part of our country's history and set aside a day to commemorate all of the New Zealand Wars.

Finally, after many years of the land being used as an open commode for farm animals, the Government purchased the battle site of Ōrākau. Consultations are underway between local iwi, the Kīngitanga and the Battle of Ōrākau Heritage Society about the future of the site.

In 2015, Ōtorohanga College students Waimārama Anderson and Leah Bell presented a petition to Parliament seeking a commemoration day, and for the history of the New Zealand Wars to be taught in schools. At the tenth koroneihana celebrations for Kīngi Tuheitia in 2016, 152 years after the battle of Ōrākau, the Government announced that it would set aside such a national day to recognise and commemorate the New Zealand Wars. At the same time, the Crown handed back the battle site of Rangiriri to Tainui.

These moves to honour the New Zealand Wars alongside Anzac Day are a welcome sign that, as a country, we recognise and honour the deeds and sacrifices of Māori and the colonial and imperial soldiers who fought and fell on our own soil. One has to wonder why, however, it took so long. One of the ironies discovered during my research for this introduction was that in 1914 a committee was set up, representing the whole of the Waikato district, to celebrate the great fight at Ōrākau and 'more particularly the fifty years of peace we have all enjoyed since'. Mr J. W. Ellis wrote a letter on behalf of the jubilee committee to the iwi involved. The letter was published in *The Colonist* newspaper on 5 March 1914:

I have been appointed by this committee to inform the tribes who were then in arms against us of what is proposed, and to ask them to join with us in celebrating these great events. The Europeans will attend to their side of the celebration, and I am to ask the Maori tribes to organise their side, so that they will be suitably represented at Orakau on the 1st April 1914. The Battle of Orakau was fought on the 31st March and the 1st and 2nd April 1864. The European Committee has unanimously selected the 1st April, the middle day of this glorious fight, in preference to the 2nd April when Orakau fell, as a tribute to a brave and gallant foe, and to show that it is not the fall of Orakau that they want to celebrate, but the splendid defence made by the Maoris.

At that time the Waikato Regiment had adopted Rewi's words, imprinting them on their colours, and the Ōrākau monument was to be unveiled; a train, leaving from Auckland, was to bring veterans and members of the public to celebrate the day. 'We Europeans', Ellis continued, 'have always considered that the grandest fight made by the Maoris . . . will never be forgotten, and will be valued as our common possession as long as our country lasts.'

Well, it *was* forgotten. Perhaps the nation's pursuit of another war, the Great War, had something to do with it. And after that war was the flu epidemic and time and progress rolled over the events of Ōrākau. Some one hundred years later, it is fitting that we tell the stories of the battle, to remember, to share, to rewrite the curriculum and to educate ourselves and future generations on this nation's history in its entirety, so that the sacrifices made here on our own soil will inspire New Zealanders to deeds of greatness, courage and selflessness.

4.

There are many and various accounts of the Battle of Ōrākau. Apart from the official reports presented to Parliament, one of the best is by James Cowan in *The Old Frontier* (1922), which he followed with a more comprehensive version in *The New Zealand Wars* in 1923. Since then, in the non-fiction field, accounts have taken the military perspective, mostly reporting from commanders or relying on the despatches of the day to provide interpretation. Some dispute the sequence of events and offer behind-the-scenes views of a number of the officers who tried to minimise the more savage actions of men under their command. Others investigate the context of the battle, placing it within an interesting framework. James Belich's *The New Zealand Wars and the Victorian Interpretation of Racial Conflict* (1986) took the lead. Recent examples of continuing scholarship are Richard J. Taylor's thesis, 'British logistics in the New Zealand Wars, 1845–66' (2004) and Nigel Prickett's *Fortifications of the New Zealand Wars* (2016). The most comprehensive account of the Waikato War to date is Vincent O'Malley's *The Great War for New Zealand: Waikato 1800–2000* (2016), in which he calls it 'the defining conflict in New Zealand history'. O'Malley's earlier essay 'Recording the incident with a monument: The Waikato War in historical memory', in *Journal of New Zealand Studies* NS19, 2015, is also fascinating reading. In the *New Zealand Listener,* 20 February 2017, O'Malley further provided a graphic description of the British Army's attack on Rangiaowhia, thus ensuring the end of our historical amnesia about this shameful incident.

A selection of New Zealand poets subsequently memorialised Rewi and the battle. Among them were Thomas Bracken (best known for writing the national anthem), Henry Matthew Stowell (writing as 'Hare Hongi') and Arnold Cork, writing in strophes such as this (published in the *Auckland Star*, 6 August 1935):

And tell them of the lashed stockade
And thy brown brother; tell them how
That 'ake' rings from Orakau
On echoes that will never fade.

So stirring were Cork's words that they were used as the epigraph for A. W. Reed's novelisation (1944) of Rudall Hayward's sound film *Rewi's Last Stand* (1940). Indeed, it is as a feature film, or two, to be exact — a silent version in 1925 and then with a soundtrack in 1940 — that a sterling attempt was made to bring the battle into the national cultural inventory. Both films proved popular, and it's interesting to note that the second version was released to coincide with New Zealand's Centennial Celebrations.

What of the impact, if any, internationally? Witi Ihimaera remembers as a boy discovering a faded cartoon on Ōrākau among a cache of old London newspapers on his father's farm at Te Karaka, but all subsequent attempts to locate the illustration have failed. Ihimaera believes that the words, deeds and sacrifices of the few must surely have spread quickly throughout the world. Yes, they echoed like a mantra among Māori people fighting a history of oppression, but, universally, the world has always admired courage, especially heroism in the face of huge odds. There are very few battles that have attained such epic stature. The 300 Spartans led by King Leonidas at the pass at Thermopylae in 480BC was one; his soldiers pledged themselves to fight the great army of Xerxes, calculated at over 100,000, to the death. The siege of the Alamo in December 1835, where 200 Texians fought off a massive Mexican army for thirteen days, was another. A third was the two-day battle of Rorke's Drift in 1879 during the Anglo–Zulu War.

A surprise discovery for Ihimaera and me was that the battle was enacted at Wembley Stadium, London, in 1924. Staged for a huge throo day British Empire Exhibition, the vignette showed Maori warriors resisting Imperial troops. Apart from the Reed novelisation, *Sleeps Standing* is, as far as we are aware, the first major fictional account of the battle. The novella is the latest in a line of works in which Witi Ihimaera has explored significant little-known events from Māori history: the Te Kooti wars (*The Matriarch*); the events surrounding Rua Kēnana and the sacking of Maungapōhatu (*The Dream Swimmer*); the Battle of Boulcott's Farm and subsequent imprisonment of Whanganui Māori as political prisoners in Tasmania (*The Trowenna Sea*); the Taranaki wars, including the story of Te Whiti-o-Rongomai at Parihaka (*The Parihaka Woman*); and the unknown story of Māori soldiers in World War I in his play, *All Our Sons*.

In the novella, a young man of Māori ancestry, born in Australia, returns to New Zealand to seek permission to name a child that is soon to be born after an ancestor, Moetū. The name means 'Sleeps Standing'. How did Moetū come by that name? From this point the novella becomes a story within a story, reflecting the reclamation of our past that so many of us are setting out to discover in these extraordinary years of New Zealand's maturity.

Reclamation of language is also a voyage of discovery for all New Zealanders. Thus, in this publication, we are providing a te reo version, *Moetū*, of the novella. The te reo version follows the tradition of *Pounamu, Pounamu* and *The Whale Rider*, which were translated into Māori by noted Māori linguists and te reo experts Jean Wikiriwhi and Dr Tīmoti Kāretu, respectively. *Pounamu, Pounamu* was the first book of fiction published in the Māori language.

What must be noted is that Ihimaera tells the story of Ōrākau not from the perspective of the Ngāti Maniapoto people, who were the main protagonists in the Battle of Ōrākau, but from the viewpoint of one of the tribes that went to support Maniapoto: the Rongowhakaata people of Tūranga, Gisborne. They are sent by the great chief Raharuhi Rukupō, of whom Witi Ihimaera is a descendant. Both Ihimaera and I wish to acknowledge, however, the right of Ngāti Maniapoto to tell the tribe's own story and that of their ancestor, and a few words about Rewi would be pertinent here to set the scene for *Sleeps Standing*.

'It's one thing to be a leader of a tribe,' Witi Ihimaera considers, 'but it's another to be able to call on other tribes — or have tribes turn up asked or not — because of who you are or what you represent.' In this respect, Ihimaera believes that it was Rewi's diplomatic relationships that vaulted him to the front of Māori nationalism; thus he became, during the New Zealand Wars, the cynosure of his times — the man above all others whose actions and leadership qualities made him the centre of attention and admiration.

'What other reason could there be for the astonishing support that he inspired?' Ihimaera asks. 'Maniapoto, Waikato, Raukawa, Tūhoe, Taranaki, Rongowhakaata, Kahungunu, Ngāti Porou and other iwi supported him not only at Ōrākau but throughout the New Zealand Wars.'

Rewi Maniapoto was born at Kihikihi, reputedly in 1807, of the Ngāti Paretekawa hapū, and was a direct descendant and namesake of the tribe's founding ancestor; already he had expectations to live up to. The redoubtable James Cowan has left us a short profile of Rewi in his Famous New Zealanders series in *The New Zealand Railways Magazine,* Vol. 8, Issue 4, 1 August, 1933. He writes, 'Rewi was a warrior born,' and gives us some hints on how Rewi was able to call on others to come to support him against the British troops. There was, for instance, his upbringing as a warrior. Cowan records that Rewi marched on his first intertribal fighting expedition with his father when he was not yet fourteen years old; at that stage, Ngāti Maniapoto were fighting Taranaki. Yet, by the 1860s, we find Rewi — now a highly acclaimed chieftain — leading Maniapoto warriors alongside Taranaki warriors in their bitter struggle against

British army aggression. The times and circumstances had changed, and Rewi was able to redirect loyalties to suit.

It's also apparent that Rewi acted with a pro-Māori clarity of action, which was very easy for other Māori looking on to understand and respect. Cowan describes him as 'small, quick-moving, keen-eyed', and, as a Maniapoto representative within the Kīngitanga, he brought the qualities of plain-speaking, responsiveness and strategy to a tribal council often riven by conflicting views of how to negotiate with Pākehā. Cowan relates a particular direct intervention made by Rewi, who was a master not just of words but action, in marching a war-party to Te Awamutu to stop pro-Government propaganda being printed by John Gorst, the Governor's agent. While Gorst was tolerated by the King movement, 'he (Rewi) thrust Gorst out (or rather forced his recall by the Governor),' Cowan writes, 'and sent his printing gear off to Auckland after him. This precipitated the Waikato War.'

'For Māori looking on,' Ihimaera says, 'even if they were not involved, this action showed him to be fearless and unafraid of the Governor.'

And then there was Rewi's personal appeal. He definitely possessed the charisma of leadership. Just prior to the battle of Ōrākau, he made a recruiting expedition to the Urewera. 'There by his thrilling appeals and his chanted war songs,' Cowan writes, 'he infused a fighting spirit into the mountain men — indeed, they did not need much urging, although they had no quarrel with the Pakeha.' They were the largest contingent at Ōrākau.

There's another quality to note in Rewi, and this has more to do with his relationships with Pākehā. Having been brought up not just in traditional Māori knowledge but also in English — he went to a Wesleyan mission as a young boy — he was literate and able to use the English language with nuance and irony. This enabled him to present himself as an equal, speaking to Pākehā at their own level of thought and discourse, and to be pugnacious in presenting his arguments to them. Following Ōrākau, his subsequent relationship with George Grey can only be described as extraordinary: a relationship of two men who had every reason to dislike each other but who came to a position of respect.

Ihimaera tells of the battle 153 years later. He is aware that there might be different stories involving ancestors he has named in the novella. His intention has been to honour those ancestors and not to misrepresent them. Thus, with his version, he wished to set actual Māori eyewitness accounts, and we have reproduced five of them in *Sleeps Standing*. Three are in English translation and two in te reo, which were not translated into English at the time they were written. The three English accounts are those of Rewi Manga Maniapoto from Ngāti Maniapoto, published in the *Otago Daily Times*, issue 8284, 10 September 1888; Hītiri Te Paerata, from Ngāti Raukawa and Ngāti Te Kohera, published in *Te Aroha News*, vol. VI, issue 293, 23 August 1888; and Paitini Wī Tāpeka, Tūhoe from Ruatāhuna, whose 1906 account was published by Elsdon Best in *Children of the Mist*. The two te reo accounts are from Te Huia Raureti, Ngāti Maniapoto and Ngāti Paretekawa, and Poupatate Te Huihi, Ngāti Maniapoto and Ngāti Unu; both are published in Robert Joseph and Paul Meredith (eds), *The Battle of Ōrākau — Maori Veterans' Accounts: Commemorating the 150th Anniversary 1864–2014*, Ōrākau Heritage Society and the Maniapoto Māori Trust Board, 2014.

Te Paerata gave his account in person, on invitation, at the Parliamentary Buildings in Wellington on 4 August 1888. Of note is that the interpreter for Te Paerata was Captain Gilbert Mair, the very person who, as major, had been the negotiator who attempted to obtain the Māori surrender.

Ihimaera and I honour the accounts as incredible taonga. They are sacred and translucent teardrops, coming as they do from men who were actually there, at Ōrākau.

PLAN OF GROUND SURROUNDING

ORAKAU PA

Shewing the disposition of the Troops under Brigadier General Carey

2d April 1864

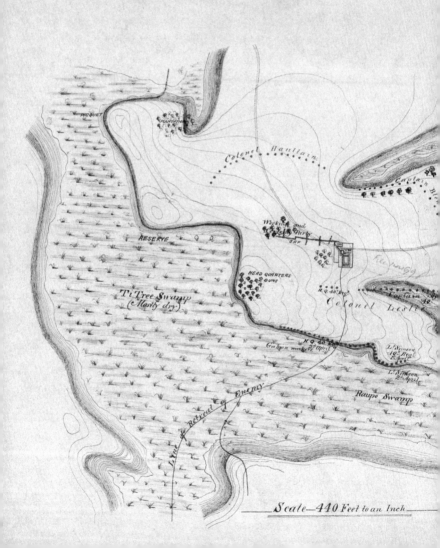

PICQUET

PLANTATIONS

Colonel Haultain

RESERVE

Working and Party
SAP

HEAD QUARTERS
2 GUNS

Ti Tree Swamp
(Mostly dry)

H.Q. 40th Regt

Poplars

Colonel Leslie

H.Q. 40
Colgan man 2d April

Lt Simeon
40 Regt

Lt Simeon
2d April

Line of Retreat of Enemy

Raupo Swamp

Scale—440 Feet to an Inch

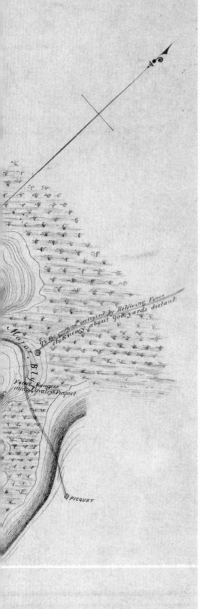

Māori BLY[...]

the ground occupied by Relieving Force
the Enemy about 900 yards distant

Forest Rangers
[...] [...] Piquet

PICQUET

Drawn by Robert S. Anderson in 1864,
this shows Ōrākau Pā encircled by
contingents of troops (denoted
by dotted lines). The trail snaking
through the surrounding swamp
below marks the Māori escape.
*Alexander Turnbull Library,
MapColl-032.14hkm/1864/Acc.36888*

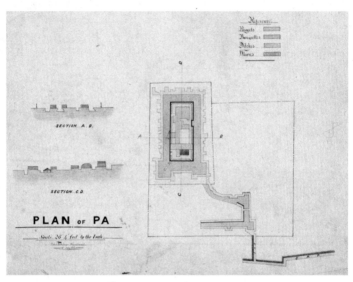

Plan of Ōrākau Pā, showing the network of trenches.
Alexander Turnbull Library, MapColl-032.14hkm/1864/Acc.36888

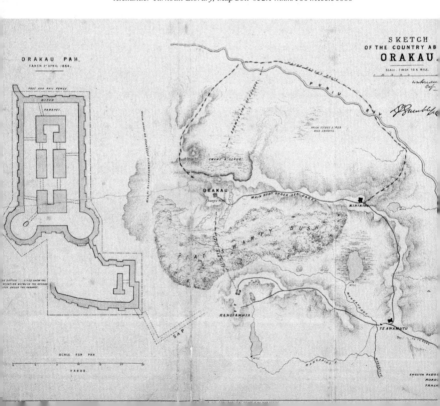

This sketch of Gate Pā, attacked a few weeks after Ōrākau, shows the
types of trenches and palisades that would have been at Ōrākau.
Alexander Turnbull Library, 1-033-007

Sketch of Ōrākau Pā by Brigadier-General Carey. In the foreground, soldiers
wait to advance by way of the sap (military trench) as it approaches the pā.
Alexander Turnbull Library, B-033-030

Opposite: Sketch of the countryside around Ōrākau, oriented so the escape
route is to the top, with the 'English Redoubts' marked: Te Awamutu
bottom right, Rangiaowhia directly below and Kihikihi to the right.
Alexander Turnbull Library, 832.14hkm/186

As this 1860s photograph by William Temple shows, Māori were typically armed
with a few muskets and more traditional weapons, such as the taiaha.
Alexander Turnbull Library, PA1-Q-250-25-2

Along with Armstrong guns, plentiful armaments, ammunition, grenades and supplies,
Cameron's Waikato Campaign even had gunboats to provide transport and patrol the coast,
including this iron gunboat *Rangiriri,* built in Sydney for the New Zealand Government.
Alexander Turnbull Library, A-110-008

A military camp by the Waikato River, taken by Bernard Gilpin Haines, while serving with the 18th Royal Irish Regiment, which fought at Ōrākau.
Alexander Turnbull Library, PA1-F-027-34-2

A recreation of a Forest Ranger camp at Ōrākau, filmed for *Rewi's Last Stand* in the 1930s.
Auckland Libraries, J. T. Diamond Collection, JTD-14K-05370

MOETŪ

Hēmi Kelly

Āwhea tō ure ka riri?
Āwhea tō ure ka tora?
Ā, ko te tai ka wīwī,
Ā, ko te tai ka wawā —

SLEEPS STANDING

Witi Ihimaera

Oh, when will your manhood rage?
Oh, when will your courage blaze?
When the ocean tide murmurs,
When the ocean tide roars —

Te Wāhanga Tuatahi

He ingoa i kitea i ngā pepa hōia

1.

Kua tōia atu te kōpapa e Haimona ki te wai kia puta ai māua ki te hī ika.

He tamaiti pai ia, e kore koe e mahara ake ko mātou mātou, inā kē te tāroaroa me te pakaua o te tangata rā. Ko ōna mata, kikorangi mai ana, ko tōna uru māwhatu, kākaka mai ana. Waihoki he kiritea, manohi anō mātou, mangumangu ake nei. Ka hīkoi haere ana mātou i Tūranga, ka tumeke mai ōna huānga ka tūtaki ki a ia. Hei aha koa tōna āhua, he tamaiti atamai ia. 'Te āhua nei he tangata kawe reta tō te whānau,' ka mene ōna pāpāringa. 'Ā, ko tāna i kawe mai ai i nuku noa atu i te reta.'

Kia unu ia i tana hāte, anana, mā tonu te kiri me te hukarere, inamata, kua pā te reo o tētehi: 'E tā, whakaketongia te rama.'

Hei tāpiri atu ki tēnā, nō Ahitereiria anō te reo. Ko tōna pai, kore rawa atu nei ia e pāmamae, ahakoa ngā whakatoi a ētehi.

Nā te tangi o te reo i mōhio ai au nō whea mai i tō rāua putanga mai ko tana wahine ki tōku whare. Titiro atu ana, titiro ana mai me te whakaaro ake, *He aha oti te tamaiti Pākehā nei me tana wahine e puku mai ana e pātōtō mai nei i taku kūaha?*

Kātahi ia ka ui mai, 'Ko koe rānei a Pāpā Rua?'

I tērā, mōhio tonu atu au nō te kāwai pea tēnei i riro ki Ahitereiria; he mokopuna pea nā Wiremu. I Te Ope Kātua i Mareia te tuakana o taku matua, ā, nōna e hoki mai ana ki te kāinga ka peka ia ki Te Urupū, ka noho tonu atu, ka kuhu ki te iwi o reira e karangahia ana e mātou ko Ngāti Kangarū.

E hia kē nei ngā tau ki muri? Nō te takiwā o ngā tau o te ono tekau.

Chapter One

A name among military papers

1.

Simon has put out the dinghy so we can go fishing.

He's a good boy, though you wouldn't take him for one of us: tall, strong, blue eyes, curly brown hair and his fair skin, against ours, makes us look really black. When we go walking in Gisborne and I introduce him to his relatives they are sometimes surprised. But as well as looking like he does, Simon has a quick wit. 'There must have been a postman somewhere in the family tree,' he grins. 'He delivered more than the mail.'

When he takes his shirt off, auē, he is so white that he sends all his cousins diving for their sunglasses: 'Hey, boys, someone turn off the light.'

And then he's got that Aussie twang in his voice. But whenever somebody pokes him with 'Tie me kangaroo down, mate', or asks him to 'Put another shrimp on the barbie, eh cobber?' he takes it in good humour.

Simon's nasal accent gave him away when he and his girlfriend Amber turned up on my doorstep. We looked at each other warily, and I thought to myself, *What's this Pākehā boy with his pregnant girlfriend doing knocking on my door?*

And then he said, 'Are you my Papa Rua?'

I knew immediately that he was one of the whānau lost to Ahitereiria, Australia; must be from Bill's line. My dad's older brother was stationed with the New Zealand armed forces in Malaya and, on the way home, stopped off in Perth, stayed and joined that Māori tribe we call Ngāti Kangurū, the Tribe of the Kangaroos.

How long ago was that? Some time in the 1960s.

Kātahi a Haimona ka kī mai, 'He take tāku ki te whānau i hoki mai ai au ki Aotearoa.'

Tōna tikanga, e noho ana a Haimona rāua ko Amber i tētehi mōtēra pātata tonu ki te one i Waikanae, i Tūranga, engari nāku rāua i tiki i taua rangi tonu, ā, kei tō mātou taha tonu e noho ana i runga i tō mātou whenua. Kia rawe hoki tā mātou hari haere i a rāua ki ō Haimona marae me ngā haere anō i te taha o te kapa haka. He tau a Haimona ki te haka, engari kei te rārangi o muri ia e tū ana. Kia pēnei noa te kōrero, kāore i pērā rawa te roa ōna i te umu. Kua whakamātau anō a Amber i te poi, engari he uaua i te kukunetanga mai o tana puku.

Āpōpō hoki atu ai rāua ki Ahitcreiria, he kaimahi a Haimona i ngā rua kerikeri o reira, ā, ki te roa iti atu te noho mai ka whererei mai tā rāua tamaiti ki konei. Kua mātaitia tōna puku e te tākuta, he tamaiti tāne tā rāua. Nō te iwi taketake o Waanji o Carpentaria a Amber, ā, ka hono ō māua iwi i tā mātou tamaiti.

Kāore anō a Haimona kia kōrero mai i tana take.

I a māua e noho ana i runga i te kōpapa, e whiti ana te rā, e kānapanapa mai ana te wai, e rōnaki mai ana te whenua i uta. Kātahi a Haimoana ka kōrero mai i tana take.

'Ahakoa kāore au i tupu mai i te ao Māori,' e tapepa ana te arero, 'ā, kāore hoki au e tino mōhio ana ki tōku whakapapa, kua tūpono atu au ki tētehi ingoa i ngā pepa hōia a taku koroua, me te aha, e pīrangi ana māua ko Amber kia tapaina tā māua tamaiti ko Moetū.'

I taua wā tonu, ka wero mai ngā tara o te rā i aku mata, ka rewha. Ka noho au, ka whakaaro. 'Nō reira, e hiahia ana koe ki te tapa i tāu tamaiti ki te ingoa o Moetū?'

'He aha te tikanga o tēnei ingoa?'

And then Simon said, 'I've come back to New Zealand to ask a favour, and the family's blessing.'

Simon and Amber were booked in to a motel off Waikanae beach — but not for long. I got them out of there that day, and they have been staying with me on our family land ever since. Over the past month the extended whānau have had a terrific time showing them their marae and taking them on trips with the kapa haka club. Simon can do a mean haka now, though the boys like to keep him at the back because he's not . . . well, colour-coded might be a polite way of putting it. Amber has tried twirling the long poi at practices but her expanding puku gets in the way.

Tomorrow they have to go back to Aussie; Simon has a job in the mines, and if Amber stays much longer she'll drop her baby while she's here. She's had a scan and they know the baby will be a boy. Amber's from the Waanji people of Carpentaria, and her son will join our tribe with her mob.

Simon still hasn't asked his favour.

And then, while I am sitting with him in the dinghy, and the light is glistening on the sea and the water is sparkling and, shoreward, the white cliffs and greenstone land are breathing nice and easy, Simon tells me what his favour is.

'Although I haven't been brought up as a Māori,' he begins haltingly, 'and I don't know much about my whakapapa, I have found a name among Grandad's military papers and . . . well . . . me and Amber would like to call our son Moetū.'

The sun strikes suddenly at my eyes, deep, deep into my skull. It takes quite a while for me to reply. 'So you want to call your boy after Sleeps Standing, eh?'

'Is that what Moetū means?'

'He ingoa karanga tērā nō tō tupuna. Ko tōna ingoa, ko Moetū-whakaaraara. Tekau mā ono noa iho te kaumātua o Moetū i te tapahanga ōna ki tērā ingoa. I taua wā, i waenganui i te tau 1850 me te tau 1870, i te whawhai ia ki ngā hōia Pākehā. Ka pūpahi ana tōna ope, ka whakamahia a Moetū e ngā pakeke hei tūtei pō; nā rātou ia i whakanoho ki tērā tūranga he pūkenga nōna ki te whakaaraara i te hopuni kia wawe ai tā rātou whakatakupe kia rere anō rātou ki roto i te ngahere. Engari ehara tērā i te take i ara ai tōna ingoa.'

'He aha kē atu anō?'

Ka tohu au i a 'Mona ki te whakatere i te waka. 'Kia hoki tāua ki uta, māku koe e hari ki te tāone kia kōrero ai kōrua ko tō kuia, ko Hūhana. E tika ana māna koe e kōrero mō Moetū.'

'Not really, it's a short version. The longer version, Moetū-whakaaraara, translates as The-One-Who-Sleeps-Standing-and-Sounds-the-Alarm. Moetū was only sixteen when he was given the name. At that time, back in the 1850s and 60s, he was part of a rebel group fighting the British soldiers. When the rebels pitched camp, the older warriors liked to have Moetū on night duty; they trusted him more than the adult sentries to alert them to pack up and escape further into the bush. But that's not his real claim to fame.'

'There's more?'

I motion to Simon to start the outboard. 'Let's get back to shore,' I tell him. 'I better drive you into town so that you can talk to your kuia, Hūhana. She's better qualified than me to tell you about Moetū.'

Te Wāhanga Tuarua

Te ope o Rongowhakaata

1.

Ko Hūhana taku tuahine, he kaumātua ake i a au. He kaiāwhina ia i te kōhanga reo; kua puta atu tōna rongo i reira hei kuia ngāwari, hei kuia atawhai — he aha hoki. Kei Mangapapa ia e noho ana, kei te takiwā o Tūranga-nui-a-Kiwa.

Whakatū kau anō au i te waka, kua huri tonu mai te ihu o kuia ki te whātaretare ki muri. 'E tā! Kua hoki kirihaunga mai? Tō koretake hoki.'

Hoki rawa mai ia i te kōhanga reo, ko Hūhana te mutunga kē mai o te whakatuanui, o te ngutu komekome me te waha papā.

'Āe, kia ora anō koe, Tuahine.'

Ka awhiawhi ia i a Haimona. He mea whakapuhi nāna tā mātou mokopuna nō Ahitereiria. I tōna taenga mai ka mea ia. 'Mōhio tonu atu au ko tāua tāua. Mei kore ake *ahau.*'

Kātahi rā! He poto noa iho a Hūhana, he māretireti, he mangumangu hoki, engari anō a Haimona. *Ka aroha hoki tā te kuia kāpō i kite ai.*

'E hoki ana koe?' tāna ki a Haimona. 'Kāore rānei koe i kīia atu ka tae au ki te whakangahau ka tū ki te hōtēra?'

Ka titiro atu au ki a ia. 'Kei te hiahia a 'Mona ki te rongo i ngā kōrero mō Moetū, ā, kāore noa e riwha i te pō nei.'

Ka ngū te waha o kuia.

'Kāti, kuhu mai,' tana kī mai.

He roimata rānei ērā? He aha hoki, me tino uaua ka heke he roimata i a Hūhana.

Chapter Two

Reinforcements from Rongowhakaata

1.

Hūhana is my older sister. She helps out at the local kōhanga; there people know her as a sweet old lady who gives cuddles to the kids and wouldn't hurt a fly — yeah, right. She lives in Mangapapa, a suburb in Gisborne.

No sooner do I park the ute in her drive than she's out of the house and looking in the back. 'What? No fish? Everybody I know manages to hook at least something.'

Home from the crèche, Hūhana's back to being the usual crabby, loud-talking person who likes to let you know she's the boss.

'I love you too, Sis.'

Hūhana gives Simon a hug. Like most of the whānau she has taken a shine to our moko from Australia. When he first arrived she said, 'I could tell immediately that you were one of our bones. You look just like *me*.'

Wha–at? Hūhana is short, roly-poly and brown, not like Simon at all. I thought, *Gee, Sis, take another look in the mirror.*

'Have you come to say goodbye?' she asks Simon. 'Didn't I tell you I was coming to the hotel for your farewell?'

I give her a look. 'Simon wants to know the story about Moetū and there won't be enough time for you to tell it to him tonight.'

Well, that stops her in her tracks.

'You better come inside,' she says.

Are those tears? Nah, Hūhana never cries.

Ka haria mātou e ia ki te rūma noho, kei reira e whākana mai ana tana pīki pouaka whakaata hei mātakitaki i ngā kapa haka i runga i a Whakaata Māori; he mea hoko nāna i runga i te whakaaro ka ngaro ngā kaihaka kei ngā taha o te kapa i te punua pouaka whakaata. E mātakitaki whutupōro ana a Wally, tōna hoa rangatira, ka mapu a koroua i tō mātou kuhunga atu. I mua i tana putanga ki waho ka rēkoata ia i tana kēmu.

'Māu e karakia,' tā Hūhana mai ki a au. Ka manana ngā mata o Haimona: me kōrero nui e tīmata ai ki te karakia.

Ka tīmata a Hūhana. 'He nui te koa o taku ngākau, e 'Mona, mō kōrua e hiahia nei ki te tapa i tā tātou tamaiti ki te ingoa o tō tātou tupuna, o Moetū. Kia whānau mai, anei ngā kōrero hei oriori atu māu kia whakahīhī ai ia i tōna ingoa, kia mōhio hoki ia ki te hiranga o Moetū ki tō tātou whānau. He kōrero tēnei mō te pakanga i Ōrākau—'

'Ōrākau te pakanga i whawhaitia ai e Rewi Maniapoto me tōna iwi?' Ka pātai a Haimona. 'I tūpono au ki tētehi kōrero i ngā pepa a Koro Wiremu. He aha te pānga o te tū whakamutunga a Rewi me Ngāti Maniapoto ki a tātou?'

Ka ongaonga ngā taringa o Hūhana i te Ahitereiria mārire o te whakahua a Haimona: *Oh-ra-cow*. 'He tika,' ka mea atu ia, 'ko Rewi tonu te rangatira o tōna iwi. Engari he rangatira anō nō iwi kē i haere ki te tuarā i a Rewi, ā, i haere i ō rātou taha ngā toa me ngā tohunga. Kia mahara tāua, ko ētehi o ngā tāngata i tae ki Ōrākau nō ngā kāwai pūwhewhero o te motu.'

'Ko Wī Karamoa tētehi nō Waikato,' ka tumeke a Hūhana i taku kōrero — ehara i te mea nōna anahe ngā taringa i te areare ki ngā kōrero a tō mātou pāpā. 'Ko ia tētehi o ngā kaikauwhau i te rongopai i roto i te pā. I reira hoki a Te Paerata me āna tama tokorua nō Ngāti Raukawa, ā, i tae hoki a Te Rangihirawea nō Ngāti Tūwharetoa. Kotahi rau i heke mai i Te Urewera, ko Paitini Wī Tāpeka tētehi o ngā rangatira o te tira nō Ruatāhuna. Nō Waikaremoana, ko Te Waru me tana apataki.'

Hūhana ushers us into her sitting room, where a huge television takes pride of place so she can watch the kapa haka on Māori Television; she bought it because she didn't trust smaller screens as they might leave out the performers on the sides. Her husband Wally is watching the footy, but when we arrive he sighs, presses the 'Record' button on the remote and goes out to his truck.

'You can say a karakia for us,' Hūhana tells me. Immediately Simon's eyebrows arch: you don't start with a prayer unless the talk is going to be serious.

Hūhana gets straight into it. 'I am so happy, Simon, that you and Amber want to call your baby after our ancestor Sleeps Standing. When your boy is born, here is the story you must tell him so that he can always be proud of his name and know how important Moetū was to our family. The kōrero involves the great Battle of Ōrākau—'

'Ōrākau — the battle fought by Rewi Maniapoto and his people?' Simon is puzzled. 'Grandpa Bill had a description among his papers. What's Rewi's last stand and the Ngāti Maniapoto tribe got to do with us?'

Hūhana winces at Simon's Aussie pronunciation: *Oh-ra-cow*. 'It is true,' she concedes, 'that Rewi was the general in command, with Ngāti Maniapoto in the vanguard. But people forget that rangatira from other tribes went to join him with their own foot soldiers and even their priests. Never doubt that there were chiefs at Ōrākau representing some of the highest bloodlines in the land.'

'Wī Karamoa was one of the Waikato chieftains,' I offer, much to Hūhana's surprise — but, after all, she wasn't the only one awake when our dad used to tell us the story. 'Karamoa had been a Christian lay reader at Ōrākau. Te Paerata and his two sons from Ngāti Raukawa were other chiefs who went, and so was Te Rangihirawea, representing Ngāti Tūwharetoa. A one-hundred strong war party from the Urewera arrived, and among their chiefs was Paitini Wī Tāpeka with his retinue from Ruatāhuna. Then there was Te Waru

Ka karukaru mai a Hūhana: Ko wai rānei kei te taki i te kōrero, ko 'hau, ko koe rānei?

'I reira anō—'

Ko tōna rite ko te kererū ka tīraha ki runga tōna uma i te whakatarapī.

'—tētehi ope tauā iti nō Tūranga-nui-a-Kiwa, he mea tuku rātou e tō tātou rangatira o Rongowhakaata, e Raharuhi Rukupō . . .'

2.

I taku rongonga i te ingoa o Rukupō, ka wawara mai te reo o taku pāpā i aku taringa:

E Rua, whakarongo mai.

He tohunga whakairo a Rukupō, koinā te hautanga o tōna rongo. I tōna ohinga i āwhina ia ki te whakairo i a Kaitangata, i te wharenui kei te motu o Mana, ā, i whai wāhi anō ia ki *Te Toka-a-Tāpiri*, ki te waka tauā nui i takohatia ki a Ngāpuhi. Engari, ko te puhikaioreore o āna mahi katoa ko Te Hau-ki-Tūranga, ko te mōrehu whare o te motu i hangā mai i te tau 1842.

Nā, ko Rukupō te kākākura o Rongowhakaata i ngā tau i taututetute ai te iwi ki te Pākehā, pēnei i a Ngāti Maniapoto. Ko te rerekētanga, i pōhēhē mātou o Tūranga-nui-a-Kiwa ka haupapa tonu tā mātou noho, ā, kāore e tae mai te riri ki konei. 'Hei aha atu mā tātou ngā mahi a ētehi atu iwi,' te kōrero a ngā kaumātua i taua wā, 'kia mau te rongo.'

from Waikaremoana and his bodyguards.'

Hūhana gives me the stare: Who's telling this story, you or me?

'Along with them was—'

She is like a woodpigeon; her breast puffs out as if she has just eaten some sweet berries — which is what it's like when you have proud memories.

'—a small band of retainers from Gisborne, sent by our own Rongowhakaata chief, Raharuhi Rukupō, also known as Lazarus . . .'

2.

At the mention of Rukupō's name, I hear my dad's voice echoing from the past:

Rua, pay attention.

Most people know of Rukupō as one of the finest carvers of Māoridom. In his youth he had travelled the country and worked on Kaitangata, the meeting house on Mana Island, and on the carved war canoe *Te Toka-a-Tāpiri* before it was gifted to Ngāpuhi. His most magnificent achievement, however, was Te Hau-ki-Tūranga, built in 1842, the oldest surviving meeting house in the country.

But Rukupō needs to be known in the larger light as a great political leader and, as such, he bestrode those years when the Rongowhakaata people, like those of Ngāti Maniapoto, were on a collision course with Pākehā. The difference was that here in Gisborne and Poverty Bay we thought it was possible to live in peace and neutrality. 'Whatever other tribes might decide upon in their relationships,' the elders said, 'we have no intention of breaking the peace.'

I aua tau, i kaha tonu te tauhokohoko i waenganui i a Rongowhakaata me ngā Pākehā o te rohe. Kua puta hoki mātou ki waho, ki te mākete nui i Tāmaki-makau-rau, hokohoko atu ai i ngā hua o te whenua nei. He witi, he kānga, he rīwai, he riki, he hipi, he kau, he poaka, he manu anō ngā kai i hokona atu, ā, he autaia hoki ngā utu. E tutuki ai tēnei he waka ō mātou. E whā ngā kaipuke rewa rua, he kaipuke rewa tahi, he waka kē atu anō hoki nā te iwi tonu i whakatere. Ko Te Raaka te waka tere, ā, he pērā anō a *Adah* rāua ko *Te Kūini*. He waka anō i whakamahia e te iwi, ko *Whitipaea* rāua ko *Ruawhētuki*. Ko mātou anō ō mātou rangatira i taua wā; nā mātou anō ngā utu i whakarite, i ōna wā i hokohoko ngā tūpuna i runga tonu i te wāpu, ā, ka whakaekea ngā utu e rātou kia rite tonu ki ērā i te mākete o Tāmaki. Kāore te Pākehā i tiketike ake i a mātou, i te taumata kotahi tonu mātou me te Pākehā e tauhokohoko ana.

Engari kīhai i taro, ka huripoki te ao o ngā tūpuna. E ai ki taku pāpā, i tū tētehi hui nui whakaharahara i te marama o Paengawhāwhā, i te tau 1863 — kotahi tau i mua i te pakanga i Ōrākau — he whakanui i te whakatapunga o te whare karakia Mihingare Māori o Whakatō, nā Rukupō anō taua whare i whakairo.

'He nui ngā iwi i haere mai', i mea a Pāpā, 'i eke mai a Maniapoto, a Waikato me ngā kanohi o te Kīngitanga ki runga i te marae, ā, i haria mai e rātou te kara o te Kīngi. I hari mai anō ngā iwi o Tauranga me Te Wairoa i te kara o te Kīngi. Ko te tono ki a Rongowhakaata kia uru hoki tātou ki te huihuinga o ngā iwi e ātete ana i te Karauna.

Ka whakahokia atu te tono a ngā pononga o te Kīngitanga, me te kī ake, ahakoa he nui te aroha ki te kaupapa, kāore ngā tūpuna i hiahia ki te wewete i te rongomau. Nā, i runga hoki i te kaupapa o te rā ka puta tā rātou kupu ki te whakaminenga: *Kia kotahi tātou i raro i te rongopai, i raro i te ingoa o Ihu Karaiti.*

At the time, Rongowhakaata had successfully established a trading economy with the European merchants of the district. We had also expanded nationally, dealing especially with Auckland, which was the largest market in Aotearoa. There our arable produce, such as wheat and maize, fetched good prices, as did our potatoes and onions; and our livestock, like pork and poultry, was also in high demand. To accomplish this in the fastest way possible, we owned four schooners and operated a fleet of cutters and boats, captained and crewed by our own people. *Te Raaka* (*The Lark*) was swift across the sea, and so were her sisters *Adah* and *Te Kuīni*; and the tribe also relied on the dependable *Whitipaea* and *Ruawhētuki*. We did not work through a middle-man; we fixed our own prices, sometimes selling direct from the wharf, basing what we asked for on what the Auckland market could afford. We were trading as equals and competing at the same level as Pākehā.

Even we could not remain in splendid isolation, however. According to Dad, crunch time came at an important hui in April 1863 — just one year before Ōrākau — to celebrate the consecration of the Māori-built Anglican church at Whakatō, yet another of the buildings that bear Rukupō's signature.

'Among the many tribes at the celebration', Dad said, 'were Maniapoto and Waikato, and their representatives from the Kīngitanga came onto the marae proudly bearing the King's flag. Other tribes from Tauranga and Wairoa also showed the flag. The request was clear: *Would you, Rongowhakaata, join our confederation against the Crown?*'

We persisted in telling the King's supporters that, while we sympathised with their fight, it was best for us to remain neutral. Appropriately, given the Christian context of the gathering, our own message was given: *There was no unity except under the gospel and no sure foundation but Christ.*

Ko te kōrero nui o te hui rā ko te Kāwanatanga ki te Kīngitanga — i hinga i taua rā ko te Kīngitanga. Engari kīhai i roa, ka kiripiro a Rukupō ki te Pākehā. Nā te kaha o ngā mihingare me te Kāwanatanga ki te raupatu i ngā whenua o Tūranga i raru ai ia. Nāna te kōrero, 'E ngaki atu ana a mua, e toto mai ana a muri.' Ko te aronga o te kōrero nei, nā ngā mihingare te huarahi i para kia kuhu mai ai te Kāwanatanga ki te muru i ngā whenua. Nāwai i kiripiro ka matakawa te koroua rā ki te Pākehā, ā, ka tahuri ia ki te tuarā i a Maniapoto, i a Waikato me Taranaki anō hoki nā te taenga o ngā pononga o te Paimārire ki a ia. I tana rongonga mō te riri i Waikato — mō te hinganga o Rangiriri me ngā pakanga o mua mai — me te whakaaro anō o Rewi ki te aukati i te whakaeke a ngā hōia, ka mōhio a Rukupō e kore e mau te rongo, ā, ka puta tana kupu.

'Ki te mura tonu te riri i Aotearoa, ka pātuki tonu te aroha ki ō tātou kiriwhanaunga.'

Ka areare anō aku taringa ki ngā kōrero a Hūhana.

'Nā, ka tae te rongo ki a Rukupō e haere atu ana ētehi atu ki Ōrākau, ka karangahia e ia te iwi kia hui mai. Ka tū ia i runga i te marae ka kōrero i tana take, "E mōhio ana ngā rangatira o ngā iwi ki te hinga a Maniapoto me Waikato i te Pākehā, kāore e roa ka whāia mai hoki ko rātou." Nō reira, e mau ai te mana o Rongowhakaata ka whakarite ia i tētehi ope tauā iti hei kuhu atu ki te ope o Te Tai Rāwhiti e haere ana ki Ōrākau i raro i a Te Waru mā. Ka taka i a Rukupō tōna whakaaro kia haere ki Ōrākau i runga i te marae hei kōrerotanga mā te iwi. Ka mea ētehi, "E pai ana, tukuna rātou, engari ka ngaro hoki i tō rātou taha te rongo taketake, ā, kāore e roa ka tae mai te riri ki konei." Ka whakahokia e ia, "Kua tae tonu mai te riri." Ka pātai anō ētehi, "He aha oti koutou e haere nei ki te mate?" "Kia mau ai te mana."'

At the gathering, Kawanatanga versus Kīngitanga — Government versus the King Movement — the Kīngitanga lost. However, Rukupō had already begun to find the Pākehā intractable. The influence of the missionaries and then the Government's wish to appropriate more land for Gisborne town troubled him. 'E ngaki atu ana a mua,' he said, 'e toto mai ana a muri. The missionaries have been involved in clearing the way for the Government to take the land.' As the year progressed, he found himself more and more disaffected with Pākehā and began siding not only with Maniapoto and Waikato but also with Taranaki, whose Paimārire delegations were visiting us and asking for our support as well. When he heard what was happening in the Waikato — the battles there leading up to the fall of Rangiriri to British soldiers — and that Rewi was planning a stand to stop the further encroachment by the military, he realised that the long-held peace was ending.

'As long as there is war in Aotearoa,' he said, 'we Māori will always sympathise with our countrymen.'

I tune back in to Hūhana's kōrero with Simon.

'And then Rukupō heard that other rangatira of Māoridom were hastening to Ōrākau,' she says. 'He called the people together. On the marae he told them that the chiefs of other tribes had come to realise that if Maniapoto and Waikato fell to the British troops, they were next. Therefore, to maintain the mana of Rongowhakaata, he intended to send a small warrior squad to join the East Coast contingent led by Te Waru and others assembling at Ōrākau. He laid it on the line, take it or leave it, and of course there were people for and against him. Some said, "Okay, send them, but our neutrality goes with them, and that will make us a target of the Pākehā, too." He answered, "We are already a target." Others asked, "Why go to fight a battle we will never win?" And he answered, "It is a matter of honour."'

Ka whakaae au ki ngā kōrero a taku tuahine. 'He tika, ko tēnei whakatau āna kia haere ki Ōrākau i puta mai i tōna mōhio me whakakotahi te iwi Māori i taua wā.'

'Ko te whawhai tēnei i whāia e Rewi mā,' ka mea a Hūhana, 'engari ki a Rukupō ka pā tēnei whawhai ki ngā iwi Māori katoa i taua wā e pakanga ana ki te Pākehā, ā, i te tukunga iho ka tautokona tana take e te iwi. Kia mōhio mai koe, e pōhēhē ana ētehi i Ōrākau te mahi a te toa, engari i kō iti atu i te toru rau tō rātou tokomaha.'

Ka titiro mai a Haimona, ka mea ia. 'Kua kite au i tētehi kiriata pērā mō ngā toa Spartan e wawao ana i te āpiti o Thermopylae i ngā rā o nehe.'

'Ha! Nā wai hoki tā tātou kōrero i tāhae?' Ka pātai a Hūhana. 'Heoi anō, he rerekē a Ōrākau, inā hoki he wāhine, he tamariki hoki i reira.'

Ka ngā te manawa o kuia.

'Ā, ko Moetū tētehi o ngā tamariki.'

Kāore rānei koe i mōhio i reira anō ngā wāhine me ngā tamariki?

He toa anō ētehi o ngā wāhine, engari ko te nuinga he wāhine rangatira, he makau rānei nō ngā tāne, ā, he kotahi tonu rātou i te marae o te pakanga. I haere i te taha o Tamarau Waiari tāna ake wahine me ētehi atu. Tokoiwa anō ngā wāhine i tae i te taha o Te Whenuanui, ko tana tamāhine ko Te Mauniko tētehi o ērā. I haere a Ahumai Te Paerata i te taha o tōna matua me ōna tungāne, ā, i haere hoki a Hineatūrama, wahine rangatira nō Te Arawa me tana tamāhine, me Ewa i te taha o tana tāne, o Rōpata. I whakamīharo a Rongowhakaata ki te nui o ngā tāngata rangatira me ngā tohunga i Ōrākau. Mō te taha ki ngā tamariki, i mea te iwi rā ki te tuku atu i a rātou ki wāhi kē hei te whakaotinga o te pā, engari nā te putanga whakarēretanga mai o ngā hōia i raru ai rātou.

I nod at my sister's words. 'His decision to stand together with other rangatira at Ōrākau was consistent with his view that if there was ever a time for Māori to unite, it was then.'

'Ōrākau was certainly Rewi's battle,' Hūhana continues, 'but Rukupō considered it symbolic of all battles that Māori were fighting and, in the end, the people supported him. But here's the thing: some people think that there were a lot of warriors at Ōrākau; in fact, there were scarcely more than 300 people there.'

Simon's brow furrows. 'I saw a movie like that,' he says, 'about Spartan soldiers defending a pass called Thermopylae in ancient times.'

'Did somebody steal our story?' Hūhana is cross. 'Ours is different, though, because among the defenders were women and also children.'

She takes a deep breath.

'Moetū was one of the children.'

You didn't know about the women and children at Rewi's last stand?

Some of the women were warriors in their own right but most were the chiefly wives, lovers, daughters or sisters, having equal rank with the men. Tamarau Waiari took his wife and other women. Te Whenuanui was there with his daughter Te Mauniko, and eight women. Ahumai Te Paerata went with her father and brothers. Hineatūrama was a high chieftainess of Te Arawa and she was there with her daughter Ewa and lover Rōpata. The number of rangatira, priests and women of chiefly rank at Ōrākau was not lost on Rongowhakaata. As for the children, the intention had been to send them away from the pā once it had been built, but the troops arrived sooner than expected, making escape impossible.

E ai ki ngā kōrero ko tētehi hautoru o ngā tāngata i Ōrākau he wāhine, he tamariki, hui katoa ngā wāhine ka taea pea te ono tekau, te whitu tekau rānei, ā, e toru tekau pea ngā tamariki. E ai ki te kōrero, he taiohi ētehi. Ko Moetū te mea kaumātua o ngā tamatāne, ā, ko Kararaina te mea kaumātua o ngā tamawāhine, nō Ngāti Maniapoto ia. He kōtiro poto, he pakikoke hoki, ko ōna pakihiwi i rite ki ō te tāne te kaha. He karu kerekere ōna, he māwhatu roroa hoki i tae ki ōna pona, ā, ko tā te kōtiro rā he pūtiki i ōna makawe ki tētehi rīpene whero — koinā tana whakahīhī kotahi. Ahakoa tōna ātaahua, ehara rawa ia i te wahine whakatāupe.

Ka haere tonu ngā kōrero a Hūhana, 'Tōna tikanga, kua mōhio kē a Rukupō mā ki te rahi o ngā taringa o Moetū, ā, i te whakarongo pīkari ia ki ngā kōrero i runga i te marae mō te haere, mō te kore rānei e haere ki te manaaki i te tiwha a Rewi.' "Kua pai?" tā Rukupō. "Kua tatū?"'

'Ka pātai a Rukupō ki tana pākanga, ki a Te Haa, he tangata mātātoa i paingia nuitia, māna te ope nei e ārahi,' ka whakamārama atu au, 'ā, i whakaae te iwi ki tāna i whakatakoto ai, ā, tokorima ngā toa i whakaaetia kia haere i tōna taha, ka tokowaru ai tō rātou ope i a Te Haa rātou ko tōna teina, ko tāna tama. Ahakoa te tokoiti he kaiaka rātou ki te riri, engari anō te tokoiti e kaiaka ana ki te riri i te tokomaha hakorea.Tino kore rawa atu nei a Moetū i whakaarotia ake i ngā whiriwhiringa, inā hoki he tamariki rawa, he whīroki rawa hoki, ko ōna waewae anō he kākaho e tū mai ana, kāore i rite ki ō te toa.'

'Heoi anō,' ka mea a Hūhana, 'ehara i te mea mā tō mōhio noa iho ki te hāpai i te rākau e kīia ai koe he toa. He aruaru tā ētehi, he aruaru i ngā tohu o te rangi me te whenua, i te korokī a ngā manu o te ngahere ka whakaarahia e te aha rā, i te rau pātītī rānei ka kainga e te waewae. Ā, ko tā ētehi he kauhoe, kāore ētehi toa i pai ki te moana, ā, he wā ōna me ruku rawa kia kore ai e kitea e ngā tūtei o uta. Ko tā

If we take the accepted figure that a third of the fighters at
Ōrākau were women and children, there may have been up to sixty
or seventy women and thirty children. Some of the children would
have been teenagers, described as 'young people' by one informant.
Moetū was the eldest boy of the group. The eldest girl was Kararaina,
who was from Ngāti Maniapoto. She was short and slim but with
broad shoulders like a man's. Her eyes were black and her hair was
glossy and wavy and long, down to her knees; she gathered it up and
tied it with a red ribbon — her one vanity. Some called her pretty,
but she was not one who thought much about her looks.

'Rukupō and the other warriors', Hūhana continues, 'should have
known that Sleeps Standing, with his big ears, had heard everything
that was being said on the marae. He eavesdropped on the tribe
as they took a vote on whether or not to support Rewi. "Kua pai?"
Rukupō asked. "Are we agreed?"'

'Rukupō asked his fearless and well-liked kinsman, Te Haa, to
lead the squad,' I explain, 'and the tribe consented to his venture
and agreed five highly trained men should accompany him. Along
with Te Haa's son and brother, that brought the number to eight,
which might not sound like many, but they were able-bodied and,
frankly, all that could be spared; and it was quality that counted.
Nobody looked Moetū's way when they selected the extras: he was
too young, too skinny and, looking at him standing gawky in the
sunlight, he wasn't exactly warrior material.'

'But, you know,' Hūhana observes, 'the warrior isn't only the one
who wields a weapon. He can be a tracker, with the ability to read
signs in the skies as well as on the earth: the swirl of birds as people
move in the forest, or a few blades of flattened grass where someone
has stepped. He can be a swimmer, and some warriors hate the sea,
even more so if they have to swim underwater to get past sentries
watching from the shore. He can also be the provisioner, the one

ētehi he kimi kai, he kimi kai mā te matua. Waihoki tā ētehi he tūtei: ko te toa o ngā toa ko te tangata nōna ngā kanohi mohorīrīwai.'

'Ka kino kē atu mehemea he moe tū,' ka kata a Haimona.

Ka titiro mai a Hūhana. 'Kei wareware i a koe te tohungatanga o Moetū,' ka mea mai ia anō nei e whakataetae ana māua ki te kōrero. 'He tamaiti ihumanea ia. Ka noho ia, ka āta whakaaro me pēwhea. Hei tauira, ka whakaaro pea ētehi toa ka tae wawe atu koe mā te whai i te ara poka ahakoa ngā maunga me ngā awa me whakawhiti kia tae ai ki te wāhi e haere nā koe. Engari ka whai kē a Moetū i te takoto o te whenua kia māmā ai te haere. Tōna taiohi ai ka mōhio ia ki te whakatakoto rautaki; he rite tonu tana kimi i te ngoikoretanga o te hoariri hei patu mā rātou.'

Ka hoki au ki te kōrero. 'Huaki kau te ata, ka wehe te ope o Te Haa i Manutūkē. I te whakaaroaro a Te Haa mō te āhua o te haere, mehemea ka haere mā runga hōiho, mā runga waka rānei. Ko te ara tukutata te ara i whāia kia wawe ake ai te taenga atu, nā reira i haere rātou mā runga waka, nā te pērā hoki i kaha tonu ai ō rātou tinana. Nō muri kē mai i te whakaterenga o tō rātou waka, o *Te Raaka* ka tahuri a Te Haa ki te tatau i ōna tāngata. Ha! Kua tokoiwa kē.'

3.

Ka hemo a Te Haa i te kata i tana kitenga atu i a Moetū. 'E tama, ko te mate tāu e whai nei?'

'Kāo,' ka utua e Moetū, 'Kua haere mai au ki te āwhina i a koutou. Waiho au hei karu mō koutou, i te ao, i te pō. Kāore au e hoki atu.'

'I kōrero koe ki ō ō mātua?'

who takes the responsibility to fish or hunt for the warriors while they are resting. And he can be a sentry: sometimes the best warrior is the one with good eyes who can see long distances.'

'Even better if he sleeps standing up,' Simon jokes.

Hūhana looks at me. 'You've forgotten Moetū's most important asset,' she says, trying to show me up. 'He was a very clever boy. He could use his head to think things through. For instance, some warriors might assume that taking a direct line, even if it meant going up hills and fording rivers, would get you faster from one point to the other. But Moetū might suggest that it was better to follow the contour of the land, where the gradient lay more comfortably for travelling. And he showed intuitive skills as a strategist for one so young; he was always looking for signs of weakness in an enemy and, therefore, signs of advantage for the tribe.'

'Te Haa and the warriors made their departure early the next morning,' I pick up the story. '"We'll be back," they said as they left Manutūkē. Te Haa had tossed and turned about whether to go by horse, riding hard day or night, or by boat over sea. Speed was of the essence, and he decided that a schooner could take them more swiftly around the East Cape and land them at a safe beach; they would arrive rested and battle-ready. It wasn't until they had weighed anchor and their schooner *Te Raaka* was sailing swiftly northward with good winds pushing it, that Te Haa took the count of the men. What was this? Instead of eight there were nine.'

3.

When Te Haa saw who the extra warrior was he laughed. 'E tama, do you want to get killed?'

'No,' Moetū replied, 'I'm coming to make sure *you* fellas don't get killed. Let me be your eyes, day . . . and night. And even if you don't want me along, I'm coming.'

'Kāo,' ka whakahoki a Moetū, 'e mōhio tonu ana rāua ko au anō tōku rangatira. Ki te makaia au e koutou ki te wai ka kauhoe au ki uta, ka whai haere i a koutou i runga i te whenua.'

Ka whakaae a Te Haa kia noho tonu ia.

Tiu tonu te rere o *Te Raaka*. I waho i te moana e tere mai ana; he mōhio nō te kaihautū kāore i matara i te tahatika te manuao o te Pākehā e tere ana, ā, ki te tūtata atu ka pūhia pea tō rātou waka. Maringanui, kāore rātou i haere mā te whenua. I mate ētehi o Ngāti Porou ki te haere mā Tauranga, nō te rongonga a ngā hōia Pākehā ki te ara e takahia ana ka aukatia atu e rātou.

Nō te ahiahi o te rangi i muri mai i tau ai tō rātou waka ki Whangamatā. I runga i te rangi te marama e niko mai ana, ā, kotahi te whetū i roto. I te hekenga mai i te waka, ka tīkina e tēnā me tēnā tāna pū, āna hāmanu me ngā kai i taea e rātou te kawe.

'Kia kaha, Moetū,' ka kōrero atu a Te Haa.

Ka mānihitia tā rātou haere. Auahi ana te rere o te waewae! I whakamīharo a Te Haa ki te kaha o Moetū, kāore ia i takamuri engari i piri tonu ki te ope. Ka tā te ihu o Te Haa i tana kitenga atu i te pā o Ōrākau i te atapō o te 31. I te karakia ngā mea o te pā.

Ka kōrero ia ki tōna teina. 'Kāore anō kia tahuna te riri.

Te āhua nei kāore anō kia oti te pā te hanga, ka kī ake tāna tama a Pukenga.'

'Did you ask your parents if you could join us?'

'No,' Moetū answered, 'they know I make my own decisions. And if you think of throwing me overboard and letting me swim to shore, I tell you now, I will simply follow you overland and catch you up.'

Te Haa had no option but to say okay.

Te Raaka made good time. The captain took the schooner as far out to sea as possible; he knew that, closer to the coast, the British Army's gunboat *Sandfly* might be on patrol, ready to sting. And, without realising it, Te Haa had made a fortunate choice in going by sea. Some chiefs from Ngāti Porou had to detour by way of Tauranga because, once the British troops got wind of their initial route, they cordoned off all the roads.

The schooner landed at Whangamatā the next evening. In the sky was a sickle moon, and within the crescent was a glowing star. On disembarking, each warrior took a rifle and as much ammunition and food as he could carry.

'You too, Moetū,' Te Haa said.

They were on the run: in single file, the war party moved like shadows across Waikato. Te Haa was impressed that Moetū did not lag behind but matched the men step for step. When he sighted Ōrākau in the early morning of the 31st, Te Haa breathed a sigh of relief. He saw Rewi and the defenders at their morning prayers.

'We have arrived before the battle,' he said to his brother, Mihaere.

'And it looks like Rewi has yet to finish building the pā,' his son, Pukenga, said to him.

'He kaokao te takoto o te pā,' ka kī au ki a Haimona. 'I whakatūria ai te pā ki te taha whakararo o te awa o Pūniu kia kore ai a Kāwana Kerei e pōhēhē kua whati katoa atu ngā Māori e ātete ana i a ia ki te taha whakarunga o te awa. I tū te pā ki te pārae, i te wāhi i reira ngā kai, he uru pītiti, he uru āporo anō hoki, kāore i matara i te ngahere. Nā Rewi rātou ko te rūnanga kaumātua te mahere o te pā i whakatakoto, he pākaiahi i waenganui e karapotia ana e ngā parepare tapawhā, i runga ake i ēnei he oneone i ahua ake hei toropuke, hei ārai. I waho atu he parepare anō, e waru tekau putu te roa, e ono tekau putu te whānui. Ko tā ngā toropuke he aukati atu i te rere o te matā a te Pākehā.'

Kāore i nui ngā hāwara, nā reira i āwhina tētehi i tētehi, tāne mai, wāhine mai ki te keri i te pā. I mauria mai e rātou ngā paruparu o te repo hei piri atu ki ngā toropuke kua oti kē te haupū ki ngā oneone i keria ake i ngā parepare me ngā awarua. Tekau iāri te mataratanga i te parepare o waho te pekerangi e tū ana, he mea hanga kaikā i ngā taiepa o te uru rākau.'

'Te Haa,' ka rere te mihi a Rewi. 'Tēnā koe, mōu i haere mai.'

Tū ana a Moetū i te taha o ngā rangatira i a rāua e mihimihi ana ki a rāua. E rima tekau mā whitu pea te kaumātua o Rewi i taua wā, inā hoki te rangatira o te tangata rā: tau ana tana tū, tōna moko me te āhua anō hoki o tana hāpai i ana rākau — ko te rākau i a ia i taua wā rā ko Pakapaka-taioreore, he taiaha, me te patu parāoa i tana hope e titi ana. Ka pā ō rāua ihu.

'Koinei te hiahia o Tūhoe hei tūranga pā.' Ka mea a Rewi. 'Ki te pārae nei.'

Ka mea a Te Haa. 'E pai ana, ki konei te pā.' Ka tahuri a Te Haa ki te mihi ki a Te Raore, ki te teina o Rewi me ērā atu rangatira o te rūnanga.

'Ōrākau lay on an axis north to south,' I tell Simon. 'In an act of provocation to prevent Governor Grey from assuming all Māori opposing him had retreated south of the Pūniu River, the pā sat on the river's northern side. It was in the open, maybe a quarter of a mile from the nearby bush, and close to orchards, mainly peach but also apple trees. Rewi and the council of chiefs with him planned a fort made of an inner platform surrounded by a rectangle of trenches protected by sod banks, which in turn were surrounded by an outer rectangle of more earthworks, roughly 80 feet by 60 feet. Because the British deployed a technique known as enfilading fire — in which shells and bullets were swept along defensive lines — the banks of soil helped limit the damage.'

There weren't enough spades to go around, so the men and women had been taking turns, helping each other to get the redoubt up and operating as quickly as possible. Work teams travelled to and from a nearby swamp with extra mud, which they added to the ramparts already built with the soil removed from their adjoining ditches, rifle pits and underground bunkers. Ten yards out from the continuous outer trench was what was meant to pass for a palisade, hastily made from posts and rails taken from the orchard fencing.

'Te Haa,' Rewi said. 'Thank you for coming.'

Moetū stood respectfully to one side as the two leaders greeted each other. Rewi was about fifty-seven and everything about him reflected his rangatira status: his posture, his facial moko and the weapons that he carried — his taiaha, Pakapaka-taioreore, and the patu in his belt were truly befitting a chief. The two men pressed noses in the hongi and gripped each other tightly by the arms.

'See where the Tūhoe chiefs want to have the fight?' Rewi asked. 'Here in the open?'

'Well,' Te Haa said, 'then this is where it will be.' He turned to greet Rewi's half-brother Te Raore and the other council chiefs.

'Ka pai, kua tae mai koe,' ka mihi atu tōna whanaunga, a Te Waru ki a ia.

Ka puta mai hoki a Takurua nō Ngāti Manawa rāua ko tana wahine, ko Rāwinia ki te mihi. 'Kāore anō mātou kia inu, kia kai rānei,' ka mea a Takurua. 'Ko te riri hei kai mā tātou.'

Kātahi ka puta mai a Te Paerata, te ika a Whiro o te pakanga, ka mea. 'Kia rua rā atu anō, kātahi ka oti.'

Kia rua rā?

Kua tata kē te Pākehā. Kua tae kē te kōrero a Kāpene von Tempsky me ana hōia ki a Pirikitia-Tianara George J. Carey o Te Awamutu e hangā ana he pā ki Ōrākau, ā, ko tāna i whakatau ai kia wawe tā rātou whakaeke i mua i te whakaotinga. Nō te takiwā o te weheruatanga — tōna rima hāora i mua i te taenga mai o Te Haamā ki Ōrākau — ka ungā atu e ia he ope e 280 te tokomaha i Te Awamutu i raro i a Meiha Blythe, ā, ko tētehi haurua o te hāpai nā von Tempsky, he hōia i rongonui mō tō rātou kaha ki te huaki whakamoke.

Nō te whā karaka, ka whakatika ake tētehi atu ope i ngā nohonga hōia o Rangiaowhia me Hairini, he mea whakahau nā Kāpene Blewitt rāua ko Kāpene Gower.

Nō te ono karaka, ka ungā e Carey te ope tuatoru, e 600 pea ngā hōia nō ētehi rangapū hōia rerekē. I wehe atu rātou i Te Awamutu i raro i a Kānara Leslie, ā, tōia atu ana e rātou ngā pūrepo e rua. Nō muri mai ka piri ētehi atu ki te matua, ko ētehi i raro i a Āpiha Chayter, ā, ko ētehi atu i raro i a Kānara Haultain, ā, hui katoa 150 rātou.

Ko te whāinga kia kōkiri ngā matua e toru i ngā taha e toru o te pā i te wā kotahi, ā, tutū ana te puehu i te pakūtanga tuatahitanga o te pū.

'It's good to have you join us,' his kinsman Te Waru said.

Takurua of Ngāti Manawa and his wife Rāwinia came forward to greet him. 'None of us have stopped to eat or drink,' Takurua said. 'War will be our kai.'

And then the veteran leader Te Paerata stepped up to Te Haa. Oh, the old man had seen so much war. 'Two more days and then we should be ready,' he said.

Two more days?

They didn't have two days. Brigadier-General George J. Carey, in command at Te Awamutu, had received intelligence from the Prussian-born Captain von Tempsky and his Forest Rangers that Ōrākau was under construction.

Carey decided on a pre-emptive strike before the pā's completion. Just after midnight — some five hours before Te Haa had arrived at Ōrākau — he had ordered a detachment of about 280 men of the 40th Regiment to depart Te Awamutu under Major Blythe. The advance guard comprised half of von Tempsky's Rangers, an irregular force famed for its stealth and lightning attacks.

At about four o'clock, a second body of troops started out from the redoubts at Rangiaowhia and Hairini. They were made up of soldiers from the 65th and Waikato Militia under Captains Blewitt and Gower.

At six o'clock, Carey ordered a third force, numbering about 600 of various regiments, to leave from Te Awamutu under Colonel Leslie; they brought two six-pounder Armstrong guns with them. The force was further strengthened by reinforcements from the 65th under Ensign Chayter, and a company of the 1st Waikato Militia under Colonel Haultain, numbering in all about 150.

The plan was for the three forces to attack the pā from three sides at the same time.

And when it began, all hell broke loose.

Te Wāhanga Tuatoru

Te Pakanga i Ōrākau

1.

'He aha i kīia ai tēnei pakanga ko te tū whakamutunga tēnei a Rewi?' ka pātai a Haimona.

I te kai tī mātou i te kīhini o Hūhana, nāna i tunu he rēwana hei kai mā mātou. I te hiahia kai pia kē au engari i kīia mai au e taku tuahine kia waiho tērā mō te whakangahau a Amber rāua ko Haimona ā te pō nei.

'Kua karihi kētia te niho o Ngāti Maniapoto, o Waikato i Rangiaowhia me Hairini,' ka utua e Hūhana, 'ā, ahakoa te hinganga o Waikato i Rangiriri me Ngāruawāhia i ngā manuao, nā Rewi anō te pakanga i āta whai atu. Engari ehara anahe i a ia te whakatau kia pēnā, he mea āta whiriwhiri nā te rūnanga kaumātua o Ngāti Maniapoto.'

Kua hoko kākahu hōu a Hūhana i Te Warewhare mō te whakangahau a tā mātou mokopuna ā te pō nei. He tohu tērā i ōna whakaaro nui ki a rāua ko Amber, nōwhea ia e pērā mehemea nōku te pō. Heoi anō, ōna kākahu, kia kī noa au, ko te weheruatanga hei karo mā ngā karu o te whānau ā te pō nei. Māku pea e hoko he putiputi hei tātai ki tōna uma. Me pūtoi putiputi rawa.

Ka waiho au i a Hūhana rāua ko Haimona ki te kai tī, e kite ana au i a Hūhana e hōhā mai ana, kāti māna e kōrero. I a au e whanga ana i a rāua i te nohomanga, ka kite atu au i te tēpu a Pāpā i te kokonga o te whare; nō tōna matenga ka riro i a Hūhana tana tēpu me ana tuhituhinga whakapapa.

Tērā pea . . .

Ka tīmata taku ketuketu i ngā pepa i runga i te tēpu. Tērā tētehi pakiwaituhi mō te pakanga i Ōrākau i tāia ki te niupepa o Ingarangi, kei whea rā?

Chapter Three

A battle at Ōrākau

1.

'Why was the battle called Rewi's Last Stand?' Simon asks.

We are having afternoon tea in Hūhana's kitchen, and Hūhana has made a nice rēwana to go with it. I wouldn't have minded a beer, but my sister has scolded that there will be plenty of alcohol at Simon and Amber's farewell tonight and I should save my drinking for then.

'Ngāti Maniapoto and Waikato had already suffered blows at Rangiaowhia and Hairini,' Hūhana answers, 'and although Waikato had been overwhelmed at Rangiriri, and Ngāruawāhia had fallen to military gunboats, Rewi took the decision to continue the war. He was following a resolution made months earlier by Maniapoto chieftains; he didn't decide it in isolation.'

Hūhana has bought a new dress from The Warehouse for our mokopuna's farewell party. That shows you how much she thinks of Simon and Amber — she wouldn't do that for me. The dress has a plunging neckline; I think all of us are going to avoid looking at her tonight. Maybe I should buy her a nice corsage so that she can put it there. Better make it *big*.

I leave Hūhana and Simon to finish their cuppa: Hūhana clearly doesn't want my help in telling Simon about Moetū. Back in the sitting room I twiddle my thumbs, waiting for them. Over in the corner is Dad's bureau; when he died a few years back, Hūhana inherited it, with all his whakapapa books and papers.

I wonder if . . .

I walk over to the desk and start rummaging through the papers. A cartoon of the Battle of Ōrākau was published in a British newspaper of the times: where is it?

E kimi tonu ana au i te pakiwaituhi, kātahi au ka tūpono ki ētehi atu pepa nā Pāpā: he rite tonu tana tuhituhi i ngā kōrero tāhuhu mō te Māori. Anei e mea ana:

'Inā te haumako o ngā whenua o Ngāti Maniapoto, rite tonu ki ō tātou, engari i tae wawe ai te Pākehā ki a rātou, he tata nō rātou ki Tāmaki-makau-rau, te wāhi i reira te mahi a te tangata. Kia mataara, Maniapoto, he tangata mūrere a Kāwana Kerei—'

Pāpā, kia kite koe i a Tāmaki i te rā nei!

Anā, kua kitea! He kurī parehe kua whakaritea ki a John Bull e whakatopatopa ana i tētehi Māori mau taiaha. I hūpeke mai te kurī rā ki tēnei taha o te ao ki te whakatetē mai i ōna niho ki ngā Māori i Ōrākau. Engari ehara i te kurī rā te waha e ngengere mai ana, nō te Māori kē, pāorooro ana tērā te horu a te tangata, 'Au, au, au.'

Me pēwhea kē hoki ērā i Ōrākau e mōhio ai nō mua iho te whakaaro kia pakangatia ngā whenua nei? Nō te tau 1861 rawa i whai ai a Kāwana Kerei ki te tahu i te riri i Aotearoa nei, ā, nā te Kāwanatanga o Ingarangi ia i tautāwhi. Ko te mahinga o te rori matua i Tāmaki ki roto o Waikato te tīmatatanga. Nō muri mai ka whakatūria he puni hōia ki Ōtāhuhu, ki Ngākōroa, ki Pōkeno, ki te taha hoki o te awa i Mangatāwhiri. Nō te tau 1864 kua eke te tokomaha o ngā hōia ki te 20,000 tāngata, he mea whakahaere e Rūtene-Tianara Duncan Cameron, mōrehu nō te pakanga i Karaimea. I whakatūria e rātou tētehi toa nui, ā, ko te wāhi i tū ai taua toa i huaina ki tōna ingoa, arā ko Camerontown. Nā ngā kaimahi a te Karauna i whakatakoto he waea hei kawe kōrero ki a Kerei rāua ko Cameron mō te āhua o te haere a ngā ope ki roto o Waikato. Nā ētehi atu i hari ngā taputapu mō te pakanga i Tāmaki mā te moana me te whenua ki Ngākōroa, ki tua atu anō hoki, ā, i waho atu i te moana ngā manuao e toru e tere ana, ko *Pioneer,* ko *Rangiriri* me *Sandfly.*

I don't find the cartoon at first, but I do come across some other documents of Dad's: he was always writing down the histories of the Māori people, whenever he had a spare hour in the evening. For instance, this entry:

'The lands of Ngāti Maniapoto were so fertile, just like ours, but they were at greater risk being on the border of Auckland, the fastest growing settlement in New Zealand. Watch out, Maniapoto, Governor Sir George Grey is covetous—'

Dad, you should see Auckland today!

Ah, found it. A bulldog, in the image of John Bull, towers over a Māori figure with a taiaha in his hand. The bulldog has jumped across from the northern hemisphere to squat, glowering, at the Māori defenders of the pā. But it is the Māori figure, not the bulldog, that is growling, 'Woof, woof.'

How were the Māori at Ōrākau to know that behind the frontline soldiers there lay a military operation some years in the making? Ever since 1861, Governor Grey had been determined to make war in Aotearoa, and the British Government gave him the resources to do it. Construction of the Great South Road from Auckland to the Waikato came first. A main base was established in Ōtāhuhu, and redoubts were built in such places as Drury, Pōkeno and near Mangatāwhiri River. By 1864, 20,000 imperial troops were marshalled under Lieutenant-General Duncan Cameron, a veteran of Crimea. A major stores depot was set up and called Camerontown after him. The Royal Engineers laid a telegraph line to keep Grey and Cameron apprised of progress as their forces advanced throughout the Waikato. A Commissariat Transport Corps moved military supplies from Auckland by land and water to Drury and beyond. Gunboat steamers like the *Pioneer, Rangiriri* and the *Sandfly* prowled the coast.

Nā te kaha o te haramai o te hōia, o te pū me te kai – nā te nui hoki o ngā pā hōia i koke mai ai te kurī rā.

Hei aha koa, ngengere tonu ana te waha o te Māori, 'Au, au, au?' He aha hoki.

2.

Ka pōngange aku mahara i te ngā kōrero a Hūhana rāua ko Haimona.

'Kei konā koe,' ka mea a Hūhana. 'I konei māua e mahara ana i whea kē koe e ngaro ana.' Tēnā rūkahu tēnā, kei te hiahia noa iho a kuia ki ētehi atu taringa hei ngaungau māna.

I a rāua e noho ana ka tīmata ahau ki te kōrero. 'E ai ki ngā kōrero a te whānau, i tūtaki a Moetū ki a Kararaina i te karakia, i wā o te whakaeke tuatahi a ngā hōia i raro i a Pirikitia-Tianara Carey.'

'Nā wai hoki tāu, e Rua?' Ka hāmama te waha o Hūhana. E pare mai ana te tuarā; e aro kē atu ana ki a Haimona. 'Nā wai?'

Heoi anō tāku e kite atu nei, ko te wāhi kāore nei e whitikia e ngā hihi o te rā. Ka haere tonu ana kōrero ki a Haimona. Kāti, māna e kōrero, ehara i te mea he rerekē ake tāna i tāku, hāunga tāna whakamōmona i te kōrero . . . heoi anō tāku, he ū ki te tika, tōna ū nei.

Ka rongo a Moetū i te whakaaraara a wai rā e tangi ana.

Tērā te Pākehā e mahuta mai ana i te pae. E ahu mai ana ki te pā, rangatū takiwhā ana te haere.

'Te tini hoki o te Pākehā,' ka kī ake a Paitini Wī Tāpeka. 'Tē kitea te aroaro o te whenua.'

It was only a matter of time before the stockpiling of men, munitions, provisions and rations — and more military depots and redoubts from which to fight — created breakthroughs for the bulldog.

And yet the Māori could still growl 'Woof woof'?

Yup.

2.

Hūhana and Simon interrupt my thoughts.

'Oh, here you are,' Hūhana says. 'Me and Simon were wondering where you had got to.' Yeah right, more to the point is that Hūhana probably needed an audience and two are better than one, even if one is your younger brother.

As they are sitting down, I try to grab the reins. 'According to our family history,' I begin, 'Moetū met Kararaina during the church service at the time Brigadier-General Carey, who commanded the troops at Ōrākau, began the first attack.'

'Is that what you heard, Rua?' Hūhana asks. She has her back to me; all her attention is on Simon. 'Who told you that?'

All I can see is her ample — I'm being very nice about my dear sister — posterior as it rises in the west. She proceeds to tell Simon her version. Ah well, let her do that, it's similar to mine anyway, except that Hūhana likes to embellish the details, add a flourish here and a bit more colour there . . . whereas I keep to the facts, more or less.

Moetū heard someone give a warning shout.

In the distance he saw the bayonets and rifles of soldiers glinting in the sun. The Forest Rangers and 120 men of the 18th Royal Irish came marching four abreast on the pā.

'What a numberless people are the Pākehā,' Paitini Wī Tāpeka said in awe. 'They smother the land.'

Ka pā anō te karanga: 'He whakaariki, he whakaariki, he tauā, he tauā.' Nā tētehi wahine mau pū e tū ana i te pekerangi o te pā te karanga. E mau panekoti ana me te tōpuni i runga ake, he pōtae anō tōna hei whakamaru i te rā, kātahi ka pakū tana pū.

Ko Whetū te ingoa o te wahine rā, he tohunga ki te hāpai pū. Ka tīwaha ia ki ngā tāngata o te pā. 'Kia teretere, e haere mai ana te Pākehā.'

I hoatu e ia tana pū ki tētehi kōtiro i tōna taha e tū ana, ā, nāna i hoatu he pū hōu ki te wahine rā.

'Ko Kararaina taua kōtiro,' ka haere tonu a Hūhana. 'Hei teina ia ki a Whetū, ā, titi tonu iho ki te ngākau o Moetū te āhua o tōna rīpene whero e here ana i ōna makawe.'

Kātahi a Rewi ka tū ki te pākaiahi ka titiro ki ngā taha e whā o te pā. Kua oti te awarua o waho i te pā, engari kāore anō i oti noa ngā pekerangi o te taha rāwhiti me ō te māuru. Kāore e kore ka urutomo mai te Pākehā mā reira.

'Me whakapātaritari rātou kia rere pēnei mai ki tēnei taha o te pā,' tā Moetū ki a Te Haa.

'Kua oti kē tēnā i tō tātou rangatira i a Rewi, engari, he tika tāu.' Ka utua e Te Haa.

Kātahi a Rewi ka hiki i tana haka, i tōna ringa tana taiaha e oreore ana hei poapoa i ngā hōia.

'Puhi kura, puhi kura, puhi kākā,' ka haka a Rewi. 'Ka whakatautapa ki Kāwhia, huakina, huakina.' 'Kei konei au, e hoa! Ko 'hau te mea e whāia ana e koe, kia whakakitea ai au i Tāmaki e mauherea ana ki te makamaka. "Nau mai e te tini o te tangata, kia kite ai koutou i a Rewi e whakakurīhia ana."'

The earlier shout was taken up by a voice nearby: 'He whakaariki, he whakaariki, a war party, a war party approaches.' The voice belonged to a striking young woman standing on the main parapet of the pā, holding a musket. Wearing a plaid skirt and dogskin cape, and a hat to keep the sun out of her eyes, she fired off a warning shot.

Her name was Whetū, and she was a crack markswoman.

'Don't just stand there,' she yelled at the warriors. 'The soldiers are coming.'

She gave her gun to a girl standing with her, who handed over a loaded musket.

'The girl was Kararaina,' Hūhana continues. 'She was Whetū's younger sister, and what stuck in Moetū's memory was the bright red ribbon she had used to tie her thick hair back.'

Immediately Rewi leapt onto the central platform and scanned the pā to the north, south, west and east. The external trench around the redoubt had been completed but, auē, the other parapets and fencing were still not finished on the east side, nor was an outwork situated to the northwest. The soldiers would surely break through those quadrants.

'They need to be enticed to make their attack here, where our fortifications are strongest,' Moetū said to Te Haa.

'Our leader Rewi has already come to that conclusion,' Te Haa answered, bemused, 'but good boy for working that out.'

Rewi had begun to haka, jabbing his taiaha in the air to draw the soldiers' attention and divert the attack.

'Puhi kura, puhi kura, puhi kākā,' he chanted. 'Here I am, Carey. I'm the one you really want, the one you wish to capture and parade in chains in the streets of Auckland, 'Come one, come all, see the great Rewi shackled like a slave.'"

Ka hāpainga ake tana haka e tana teina, e te Te Raore e tōna taituarā hoki, e Tūpōtahi, ā, ka uru mai hoki a Niketi Pōneke rāua ko tana matua.

'Puhi kura, puhi kura, puhi kākā,' ka kino te haere o tā rātou haka, ka mahara a Moetū ki te kākā e topa ana i te rangi, e whakangē mai ana me kore e whakawai i te hoariri.

Ka riri ngā Pākehā i te whakatumatuma a Rewi, ā, nāwai i kō noa atu e haere ana, ka rere mārō mai rātou ki a ia. Wheowheo haere ana te rere o te matā, kātahi a Rewi ka peke kī tētehi rua.

Ka hau te karanga a Rewi, 'Kia rite, kia rite.'

I tērā, ka takoto te katoa, ā, ko te ngutu o te pū i te pekerangi o te pā e ahu atu ana.

Ahakoa kāore i oti noa te pā, i waweruka tonu rātou ki te whawhai. Ko Ngāti Maniapoto i te tonga-mā-rāwhiti o te pā; ko ngā iwi o Te Urewera i te tonga-mā-uru tae atu ki te uru, ā, ko Ngāti Raukawa, rātou ko Ngāti Te Kohera, ko Ngāti Tūwharetoa i te māuru.

Kapakapatū ana tērā te manawa o Moetū, ka whati ia ki te wāhi i waiho mā Rongowhakaata e wawao i ngā rā o te whawhaitanga.

Ka puta te karanga a Rewi. 'Taihoa e pupuhi.'

Rangatahi tonu te whakaeke mai a te Pākehā, kātahi ka tangi te piukara, ā, kōkiri tonu mai.

Kite tonu atu a Moetū i te oka a von Tempsky e tākiri mai ana, e kānapanapa mai ana i te rā. I muri i a rātou tētehi atu rangapū e whanga ana ki te kōkiri.

'Moetū, kia tau te rapa o tō pū ki tō pakihiwi,' ka whakahau a Te Haa. 'Ā, taihoa e pupuhi.'

Moetū heard other Maniapoto warriors taking up the taunting chant: Rewi's half-brother Te Raore was one and Rewi's lieutenant, Tūpōtahi, was another; they were joined by Niketi Pōneke and his father.

'Red plumes, red plumes, plumes of the kākā,' they chanted.

In his mind's eye, Moetū imagined the forest parrot opening its wings, pinions flaring against the morning sky, inviting attention.

Rewi's impassioned war cries inflamed the soldiers — and the strategy appeared to work. They diverted their course to make a full-frontal attack. Bullets whistled around Rewi as he jumped into a trench.

'Take your positions,' Rewi called to the warriors.

Te Haa, his brother Mihaere and the main body of warriors, men and women, dropped to the ground behind the makeshift palisade, guns pointing between the posts.

The pā may have been unfinished, but that did not mean that the warriors at Ōrākau were unprepared. Ngāti Maniapoto defended the southeast; the Urewera the southwest and part of the west flank; Ngāti Raukawa, Ngāti Te Kohera and Ngāti Tūwharetoa the northwest.

Heart thudding, Moetū joined his Rongowhakaata tauā at the part of the pā they had been allocated — it was the sector they would defend for the next three days.

'Hold your fire,' Rewi called.

The imperial forces advanced in skirmishing order, and a bugle sounded the charge.

The Royal Irish and the Forest Rangers dashed at the pā; Moetū saw von Tempsky draw his famed Bowie knife and hold it, flashing, to the sun. To the rear another regiment waited at the ready.

'Brace the butt of your rifle hard into your shoulder,' Te Haa told Moetū. 'Wait for the order to fire.'

Ka hua noa a Moetū. *Ka hinga pea i a au he tangata i te rā nei.*
Ka noho tōna whakaaro i roto i tōna ngākau, hurihuri ai.

Kāore ngā hōia rā i mahara ake ki te kaha o te pā. Kotahi tonu mai tā rātou whakaeke.

'Taihoa,' ka kī anō a Te Haa. 'Kia tino tata mai.'

Kīhai noa i taro, ka hau te karanga a Rewi.

'Pūhia, pūhia!'

Ka oho a Moetū i te tupana a tana pū, tioro ana ōna taringa i te pakūtanga. E tama, me te mea he repo harakeke e kainga ana e te ahi te haere o te matā.

'Kia piri ki te whenua,' ka karanga a Te Haa. I runga noa ake i ngā upoko o ngā hōia te matā a Moetū e rere ana.

'Tuaruatia, pūhia!'

Hikohiko ana ngā pū i te pakūtanga, māngi ana tērā te auahi me he kapua e piri ana ki te whenua. Ka ngaua ngā kanohi me ngā pūkahukahu o Moetū e te auahi. Kāore i ārikarika tana maremare me te heke o te wai i ngā mata. Nō te maheatanga ake o te auahi, ka kite atu ia i ētehi hōia e takoto ana me te nuinga e taui atu ana.

Ka tangi mai anō te piukara.

'Kua pai?' Ka pātai a Te Haa ki a Moetū.

Ahakoa te hiahia o Moetū ki te whakaae atu, i roto tonu i tōna ngākau te pātai e hurihuri ana: *Ka murua rānei taku hara ki te hinga i a au he tangata?*

'Kua kōkiri mai anō,' ka karanga a Rewi.

Ka whakatōpū mai anō ngā hōia, ā, ka whakaeke tuarua mai. Engari kāore tonu ngā hōia rā i mahara ake ki te kaha o te tū o te pā.

Ka karanga a Rewi. 'Pūhia.'

Hohoro ana te rere o te matā, piri tonu ki te whenua.

'Tuaruatia, pūhia.'

Kātahi ngā toa ka tū ki te pupuhi.

Today I may kill a man, Moetū thought. The possibility made him feel sick.

The advancing soldiers were unaware of the strength of the pā. On they came, onward.

'Not yet,' Te Haa said. 'They are still too far away.'

But, within minutes, they had reached the fifty-yard range.

'Pūhia,' Rewi shouted. 'First volley, fire!'

Moetū fired his rifle and was knocked back by the recoil, its loud report ringing in his ears. On both sides came the crack and thump of other guns; flashes and smoke-puffs ran along the front of the rifle pits.

'Too high,' Te Haa called out as the rifle fire flashed above the soldiers' heads.

'Second volley, fire!'

Lines of flashes again, and the air was filled with gunpowder smoke. The acrid fumes stung Moetū's eyes and pushed into his lungs. He was coughing and in tears. When the smoke cleared, he saw that this time some of the attackers had fallen and the rest were withdrawing.

A bugle call broke through the chaos.

'Kua pai?' Te Haa asked Moetū.

Moetū wanted to reply that yes, he was all right, but a different response kept him silent: *If I've killed someone, will God forgive me?*

'They come at us again,' Rewi cried.

The imperial forces had regrouped and were charging a second time. But they were unprepared for the protection afforded by the palisade surrounding the fort.

Rewi gave the command. 'Fire on your first barrel.'

Keeping flat to the ground, the warriors let the volley roar.

'And now the second barrel.'

For this round the warriors stood to deliver the volley.

Ka whakatōpū anō ngā hōia, ka whakaeke tuatoru mai. He inati koia tō rātou māia — tō rātou rorirori rānei. I tino tata rātou ki te pekerangi o te pā. Ka taea rānei te pā i te ata tuatahi?

Ka karanga a Rewi. 'E hoki ki te pākaiahi, e hoki.'

Kotahi atu a Moetū ki muri i te toropuke, tūruru ai.

'Kia tere, kia tere,' te karanga a Rewi, 'kei mua te ihu o te tamaiti nei e haere ana.'

Ka kite a Moetū i a Kararaina i tōna taha. Ka tungou atu ia, ā, kitea atu ana e Whetū, ka mea atu ia ki tana teina. 'E Kara, whakakīa mai taku pū.'

Ka pāngia a Moetū e te ahaaha, ka tahuri kē. I tērā atu taha ōna tētehi wahine i te taha o Hineatūrama e whāwhai ana ki te whakakī i tana hāmanu ki te matā, ka toro ōna ringa ki te āwhina atu. I te karakia a Ewa te tamāhine a Hineatūrama. I reira anō ētehi atu wāhine i tōna taha e piri ana ki te toropuke, he tauhou rātou ki te pū.

'Homai, māku koutou e ako,' ka mea a Moetū. Kua taunga kē ia.

Huri noa, whawhe noa i te pā, e kōkiri mai ana te Pākehā.

'Kia rite ki te riri aupaki,' ka karanga a Rewi ki ngā mea e āritarita ana ki te peke ki waho o te pā.

'Pokokōhua Pākehā,' ka whakatararikitia atu ngā hōia e ngā tāngata o te pā.

Kātahi ka puta te whakatau a Pirikitia-Tianara Carey: 'He kaha rawa te tū o te pā. Kounuhia mai ngā hōia, ka tō atu ai i ngā pūrepo.'

Kātahi ka tōia mai e rātou ngā pūrepo nunui, ka whakahāngaitia ngā ngutu ki te pā. Rere ana te mataku i te titiro atu ki ngā matā e rere mai ana, e 350 iāri te mataratanga i te pā.

Inamata, ka rere ngā ringaringa o Moetū ki a Kararaina, kēkeke ai i te pākarutanga mai o ngā matā. Hikohiko te uira, papā te whaitiri, rū ana te whenua, e.

But the soldiers rallied a third time. Moetū could not but admire their courage — or foolishness. They advanced to only a few yards away from the defenders. Would the pā be overwhelmed on the first morning?

'Withdraw to the rampart,' Rewi commanded.

Moetū followed orders, taking cover behind the higher bank of earth.

'Come on, be quick,' Rewi told the others, 'the boy is showing you all up.'

Moetū found himself next to Kararaina. He nodded to her in acknowledgement, and Whetū saw the look.

'Kararaina, concentrate on loading for me,' she said.

Embarrassed, Moetū turned away. On his other side a woman close to the chieftainess, Hineatūrama, was struggling to fill a hāmanu, a cartridge holder, with bullets; he helped her. Hineatūrama's daughter Ewa was praying for them all. There were other women pressed against the bank beyond. Some were taking up arms for the first time and needed help. 'Here, let me show you,' Moetū said.

Already he had become an expert.

All around the perimeter of the pā, the Pākehā soldiers were trying to get close enough to breach the palisade.

'Prepare to fight at close quarters,' Rewi called to the warriors, who were keen to venture out to tackle anyone who came near.

'Come on, Jack,' the warriors taunted the soldiers. 'Come on.'

From afar, Brigadier-General Carey made a decision: 'The pā is too well defended. Draw off the troops and bring in the artillery.'

The six-pounder Armstrongs were brought into position. Moetū watched as the shells soared into Ōrākau from 350 yards away.

Without thinking, he pulled Kararaina into his protective arms while the heavens split apart and the earth quaked with explosions.

I te ahiahi o taua rā i te pararē tonu te waha o te pū, tē ai he pārirātanga.

Nā ngā hōia i whakatū tētehi o ngā pūrepo ki runga i tētehi puke i kō atu, ā, i te kaha tonu te pupuhi mai. Pupuhi tonu atu, pupuhi tonu mai ngā taha e rua i te roanga o te pō, ka ū ana te matā ka tangi te auē a te patunga.

Nō te paunga o te rā tuatahi o te whawhaitanga ka kite te pā i te nui o te mate, tōna whā tekau tāngata i hinga i te riri i taua rā. He nui rātou nō Te Urewera.

'He mahi tāhau,' ka mea a Te Haa ki a Moetū. Ka tohua ia kia haere i te taha o tōna teina, o Mihaere rāua ko tana tama ko Pukenga ki te āwhina i ngā mea e keri rua ana i te kokonga tonga-mā-uru o te pā hei takotoranga mō ngā tūpāpaku. I reira ngā pouaru e tangi ana, e tono wai ana hei horoi i ngā toto i runga i ngā tūpāpaku i mua i te tanu i a rātou.

'Kaua e moumouhia te wai,' ka kōrerotia rātou e Wī Karamoa.

'Kia iti noa iho,' ka mea tētehi o ngā wāhine ko Ariana tōna ingoa, 'hei horoi i ngā mate o te ao kikokiko.'

Ka whakaae a Wī Karamoa, kātahi ka tīmata tana karakia. Nō te whakatakotoranga o ngā tūpāpaku ki roto i te rua, ka tangi hotuhotu a Ariana.

Ka tungou te pane o Moetū. Kātahi ia ka rongo i te ringa o tētehi e kapu ana i tōna: ko Kararaina. 'Me aroha tonu te hunga ora ki te hunga ora,' ka mea ia, 'i a tātou e karakia nei ō tātou mate.'

Koinei ana kupu tuatahi ki a Moetū. Kāore tōna waha i hamumu, ahakoa tōna hiahia ki te korero, i te wawata puku ia me aroha tonu mai a Kararaina ki a tama kaniawhea e rapu ana i te murunga o hara.

Nor did evening bring respite to the beleaguered pā.

One of the big guns had been placed on a small hill, and it carried on firing shells into the redoubt. The two sides kept up small-arms fire, too; the night was shredded with the crack, pop and thud of bullets — and the sudden cries when they hit their mark.

While the day had gone well for Ōrākau, the combined forces in the pā had suffered losses of some forty warriors to Tū, god of war. The Urewera warriors in particular had been badly hit.

'I have a job for you,' Te Haa told Moetū. He assigned him to go with his brother, Mihaere, and son, Pukenga and assist with digging graves in the southwest corner of the pā. There, anguished wives and sweethearts requested water so that they could ceremonially wash the blood from their men and bind the bodies in preparation for their journey into the next life.

'We must not waste water,' Wī Karamoa cautioned them.

'Just a little,' a woman named Ariana entreated, 'to anoint our loved ones, cleanse and release them from their service, here on this earth.' Wī Karamoa nodded. He intoned the burial service and, when the dead were placed in the ground, Ariana began to wail in grief.

Moetū bowed his head. He felt a hand slip into his: Kararaina was there. 'The living should give each other sympathy, too,' she said, 'as we pray for our dead warriors.'

These were the first words she spoke to him. He wanted to reply – but didn't – that yes, he needed her aroha because, in his prayers, he was also asking for forgiveness for himself.

3.

I a Moetū e hoki ana ki te wāhi i reira a Rongowhakaata, ka kite ia i a Te Haa e kōrero ana ki a Rewi me te rūnanga kaumātua, i reira hoki a Ahumai Te Paerata, kua tū mai ki te ārahi i ngā wāhine o te pā; i roto i te ao Māori i rite anō tōna rongonui ki tō Rewi nā ana mahi nui i Ōrākau.

Ka tohu tōna ringa ki a Moetū, ka mea ia ki te rūnanga. 'Arā te tamaiti.'

I kitea e Ahumai te kaha o Moetū ki te manaaki i a Hineatūrama me ērā atu wāhine i te mura o te ahi, kāore i reira ētehi atu hei ārahi i a rātou, ana, ka āwhinatia atu e Moetū. 'Kia āta whakakīkī koe i te pū, kaua e mahia kaikātia, mā tētehi atu koe e ārai,' tana kōrero ki a rātou, 'Ko tāu he titiro ki te wāhi kei mua i a koe, waiho mā ngā tāne ngā wāhi kei ngā taha.'

'He ngākau atawhai,' ka mea a Ahumai. 'I te omaoma mai tētehi tamaiti ki te tuwha haere i ngā hāmanu, kātahi a Moetū ka mea atu, "Kaua māu e mahi, e noho koe i konei." Kātahi ia ka whiriwhiri i tētehi tamaiti popoto noa iho kia kore ai e kitea e te Pākehā. He mōhio te tamaiti rā.'

Ka whakaae te rūnanga. Ka mihi a Te Haa ki a Moetū.

'I pai āu mahi i te rā nei, e whakahīhī ana mātou i a koe. E toru ngā whakaeke mai, ā, kāore tonu te pā i taea. Te mūrere hoki o te mahere a Carey, kia whakaekea te pā i mua i te whakaotinga, kāore e nui ana ngā hāmanu me ngā kai o te pā, heoi anō ngā mea kei a tātou ko tā tātou i mau mai ai. He nui tonu te paura me te matā i mahue i ngā kāinga kua nohoia ināianei e te Pākehā. E toru, e whā noa iho rānei ngā kāho paura e toe mai ana.'

Ka mārama i konei a Moetū, nā whai anō i tahuri ai a Mikaere ki te tuwhatuwha haere i ngā hāmanu i mauria mai e Rongowhakaata.

3.

On his way back to the Rongowhakaata sector, Moetū saw Te Haa talking to Rewi and other chiefs of the council, including Ahumai Te Paerata, who had arisen as a leader of the women; among Māori she became as well known as Rewi for her sterling leadership during the siege.

She pointed Moetū out to the others. 'That's the boy,' she said.

Ahumai had noticed during the battle how Moetū had looked out for the chieftainess Hineatūrama and other women who had not been assigned a leader; there he was, among them, giving guidance. 'Don't be in a hurry to reload, do it carefully, someone else will cover you,' he told them; or 'Your sector to protect is in front of you, leave the men to protect the sectors on both sides of you.'

'He has a protective heart,' Ahumai said. 'When a young boy came running with cartridges and was returning to the armoury, Moetū said to him, "Not you, you stay here." He chose a shorter boy whose head would be below the ramparts as he ran. A simple decision, but clever.'

The chiefs nodded. Te Haa approached Moetū and put an arm across his shoulders.

'You did well today,' he said. 'Some people were impressed with your work. And we fended off three charges from the soldiers. But Carey was clever: by attacking the pā before it was finished, he prevented us from fully provisioning it with munitions and food. All we have is what we brought in before the soldiers advanced. The back-up powder and lead is still in the villages, and now the troops are in occupation of them. Maybe there are three or four casks of gunpowder left.'

So that was why Te Haa's brother and son had been distributing some of the ammunition brought by the Rongowhakaata squad to others. Moetū realised it now.

Ka hīnana ngā tukemata o Te Haa, ka mea ia. 'Kāti, ā muri ake nei me pupuhi hoki he rākau i te taha o te matā. Ākuanei a Niketi Pōneke mā hoki mai ai, kua haere rātou ki te kohi whatu pītiti, rākau anō hoki. Kāore pea te hoariri e mate rawa i te rākau engari mā te aha i te whakapōrori i ōna waewae. Maringanui, kāore a Carey e mōhio ki te raruraru kei runga i a tātou. Me i mōhio, kua kōkiri tonu mai mō te hemo tonu atu, ā, horo noa te pā. Kāti, hoake tāua—'

Ka whai atu a Moetū.

'E toru ngā take e whiriwhirihia ana e te rūnanga. Tuatahi, ko ngā kai. He iti noa iho ngā kai i roto i te pā i te whakaeke tuatahi mai, ā, kua hemokai hoki te iwi. Nā Rewi ētehi i unga ki waho ki te whakahoki mai i tā rātou e kite ai, i te kanga, i te rīwai, i te paukena, i te kamokamo, i te aha atu rānei. Tuarua, ko te wai. Kua haukotia te ara atu ki te awa kei te taha rāwhiti o te pā e ngā hōia. Ko te take tuatoru, ko koe.'

He nui ngā parepare me ngā awarua o te pā. Ka tū a Te Haa ki tētehi o ngā parepare. Koinei te kōhanga o te pā e noho nei ngā tamariki; kāore i rite ki ērā atu parepare, he hōhonu ake tēnei, ā, he mea puru hoki ngā taha ki te paruparu kia kore ai e ngahoro noa i te ngau a te matā. I reira ētehi tamariki e moe ana me ētehi pēpē e ngotengote ana. I te takaoreore ētehi i te hemokai.

'Āpōpō, ka warea ngā tāngata me ngā wāhine katoa o te pā ki te pakanga,' ka mea a Te Haa. 'He mahi tā tēnā, tā tēnā, tā tēnā. Ko tāu, he tiaki i ngā tamariki.'

'Tukuna au kia whawhai, e kaha ana au,' ka kī ake a Moetū.

Te Haa had a wry look on his face. 'From now on,' he said, 'we'll also be firing wooden bullets. Niketi Pōneke, his father and some of the younger warriors should be back soon with peach stones and apple branches from the orchard. A wooden bullet might not be lethal but it can maim and slow down an attacker. Luckily for us, Carey and his men don't know our plight. If they did, they would plan an all-out assault and overrun us at their leisure. Now, come with me—'

Mystified, Moetū followed.

'The chiefs and I have been in council on three other problems. One of them is food. There was little in the pā when the attack began, and already the people are starving. Rewi has sent out some of the young men to penetrate the soldiers' lines and bring back whatever they can: maize, potatoes, pumpkins and kamokamo. The second problem is water, as the soldiers have cut off our pathway to the stream on the east side of the pā. And there's a third problem, which concerns you.'

The pā was a complex of rua, burrows and dugouts. Te Haa stopped at one of them, an underground sheltering place. The dugout was the pā's kōhanga, a nest for children; unlike the other burrows, this one was deeper and had a thick compacted-mud covering to give it better protection from shellfire. Young children were sleeping, two infants being nursed by their mothers. Some of the tamariki were tossing and turning, crying for food and water.

'Tomorrow, all the able-bodied men and women will be busy fighting,' Te Haa said. 'Just as we must use our ammunition wisely, we must also deploy our manpower with wisdom. The chiefs and I can't spare anybody except you. Therefore, your job will be to look after the children.'

'I am an adult, I can help on the frontline,' Moetū protested.

Ka utua e Te Haa. 'Kua ea tēnei take, e Moe. Kei te whakaaro nuitia koe e ngā mātua. Māu te kōhanga e tiaki. Mā tētehi tokorua anō koe e āwhina, e rite ana te pakeke ki a koe.'

Ka karanga ia ki tētehi tamaiti pūngerungeru. 'Ngāpō—'

Ka ngā te manawa o Ngāpō i te tūtakitanga atu ki a Moetū. 'Kaua māku tātou e ārahi,' ka kōmuhumuhu atu ia ki a Moetū. 'Māu kē. Nā, ko te whawhai te umanga nui a ō tāua tūpuna: ehara i te mea me whakaatu rawa mai me aha, heoi anō tāu he kī mai.'

'Mā Kararaina anō koe e āwhina,' ka mea a Te Haa. 'Engari māu rātou e ārahi, ko tāu he tiaki i ngā tamariki. Mā tō ngākau koe e tohu. Ki te mate atu mātou, ngā tāne me ngā wāhine, māu e whakaputa ngā ihu o ngā tamariki nei.'

Nō te weherua pō ka rongo te pā kua tae mai he ope nō Ngāti Porou, ā, e ngana ana ki te wāhi i te kati a te Pākehā. I roto i te pā ētehi e ngaki ana ki te whakawai i ngā hōia, he aha te aha, kāore te ope rā i uru mai.

'Kia hiwa rā! Kia hiwa rā!' E tangi ana te whakaaraara i te pō. 'Kia hiwa rā i tēnei tuku! Kia hiwa rā i tērā tuku!'

I taua rangi i mate a Āporo, te kaimataara tuatahi, i tū i te matā. I te matenga o tēnā ka riro ko Te Huia Raureti ki tēnā tūranga, ā, ko ia te kākā whakaaraara o te pā i te roanga atu o te pakanga.

I te whakatika a Moetū i a ia anō ki te mahi i tāna mahi. Ka tatau i ngā tamariki: e rua tekau mā ono, ka tāpiri i ngā whaea e rua me ā rāua pēpē, ka toru tekau ai. Ko Tihei rāua ko Erana ngā whaea. Ko te nuinga o ngā tamariki i waenganui i te iwa me te tekau mā toru tau; ko ētehi atu he tamariki ake.

Ka mahara a Moetū, 'E tama, tekau mā ono noa iho aku tau kua whai tamariki au!'

'There is to be no argument,' Te Haa continued gently. 'The parents will be relying on you. The kōhanga is yours to defend. You are the man for the job. You'll have two others your age to help you in protecting the children.'

He motioned a stocky young boy to join them. 'Ngāpō—'

When Ngāpō was introduced to Moetū, a look of relief flooded his face. 'I'm not good at leading,' he whispered to Moetū. 'But we have been children of warriors for a long time now: you won't need to show us what you want us to do — just tell us.'

'Kararaina will help you, too,' Te Haa said. 'But you are in charge and you must look to the needs of the children. Act on your own initiative. And if anything happens to me, to all the men and women, you must take the children to safety.'

Around midnight the redoubt was abuzz with news that Māori reinforcements from Ngāti Porou had arrived and were trying to break through the military cordon to the rangatira families within. For a while, warriors in the fort tried to create a diversion, but the soldiers still prevented the newcomers from crossing over.

'Kia hiwa rā! Kia hiwa rā!' the sentries called throughout the night. 'Kia hiwa rā i tēnei tuku! Kia hiwa rā i tērā taku! Be alert! Be watchful! Be alert on this terrace! Be alert on that terrace!'

The first watchman, Āporo, was shot dead before night's end. His call was taken up by Te Huia Raureti, who continued to chant sentinel songs and war cries throughout the siege.

As for Moetū, he was accustoming himself to his charges. He took a head count: twenty-six, two nursing mothers and two babies in addition; thirty in all. The two mothers were Tihei and Erana. Most of the children were aged between nine and thirteen; he calculated that the rest were younger.

Moetū thought with gloom, 'I am only sixteen and already I have children!'

Tōna tikanga kua moe noa atu ngā karu o ngā tamariki. Ka tono a Moetū i a Ngāpō rāua ko Kararaina ki te whāinu i a rātou ki te wai — kotahi te inu — kotahi hoki te maramara parāoa. Ka tiki a Moetū i tētehi tahā ki te āwhina i a rāua, kātahi ia ka tūtaki ki a Patu, e whā ngā tau.

'Māku e mahi,' ka tango a Patu i te tahā i a Moetū. He tamaiti pūkiki, pukungangare hoki, ā, ka toro te ringa o Moetū ki te tango i te tahā i a ia, kātahi ia ka mea, 'Kāo, ko koe te rangatira, māku e mahi.'

'Nā wai a Patu?' Ka pātai a Moetū ki a Kararaina.

'Nā tētehi o Ngāti Maniapoto, kua mate tōna whaea. Engari, kei konei te pāpā.'

I kaha tonu te pupuhi mai a te Pākehā tae noa ki te ata pō, kātahi a Tihei ka puta mai, ka kōrero ki a Moetū e tūtei ana i te kuhunga ki te kōhanga.

'E koheko tonu ana ētehi o ngā tamariki, me whāinu anō pea. Mā konā pea e moe ai ngā karu.'

Ka mahara a Moetū ki tā Te Haa i kī ai: *Mā tō ngākau koe e tohu.* I te whakatika a Kararaina rāua ko tētehi tama, ko Areka tōna ingoa i tētehi pātū i ngahoro i te matā, nā reira i whakaoho a Moetū i a Ngāpō, ka mea ia. 'Ko koe hei rangatira.' Ka kohikohi ia i ngā tahā katoa, ka heia ki tōna kakī, kātahi ia ka haere ki te tūtei e tū ana i te taha rāwhiti o te pā.

Ka mea a Te Paerata ki a ia. 'Kaua e haere takitahi atu.'

Ka utua e Moetū. 'Kāore au mō te whakapōrearea i tētehi.' Ka puta a Moetū ki waho, ka heke i te taha o te pā, konihi atu ai ki te wai. E toru ngā hōia Pākehā i kō iti atu e katakata ana. Ka aohia e Moetū he paru ki te kapu o tōna ringa ka whiua ki tētehi taha kia patī ai te wai. I tērā, ka whati atu ngā hōia ki te titiro ko wai, ka karanga haere. 'Ko wai tēnā? Puta mai, kei pūhia koe.'

Ka tahuri a Moetū ki te whakakīkī i ngā tahā.

It was long overdue for the older children to bed down for the night. Moetū ordered Ngāpō and Kararaina to go among them with water — one sip — and bread — one portion. He took up a calabash to help them — and, as he did so, four-year-old Patu suddenly slipped into his life.

'I do it,' Patu said, taking the calabash. He was a fuzzy-haired and pugnacious whirlwind of pint-sized energy and, when Moetū tried to take the calabash back, he glared, 'No, you're the boss of us, *I* do it.'

'Whose child is Patu?' Moetū asked Kararaina.

'One of the Ngāti Maniapoto warriors,' she answered. 'His mother is dead. He is here with his father.'

The shells were still falling at around 3 am when Tihei, one of the nursing mothers, approached Moetū where he stood as sentry at the entrance to the kōhanga.

'Some of the infants are still unsettled,' she said. 'We should get them some more water, perhaps they might be able to sleep then.'

Te Haa had given him the order: *Act on your own initiative.* Kararaina was busy with a boy called Areka, repairing a shell-damaged wall, so Moetū woke Ngāpō. 'I'm leaving you in charge,' he said. He gathered as many calabashes as he could, slung them around his neck and made his way to the sentry stationed on the eastern side of the pā.

'Someone will have to go as a guard with you to the stream,' Te Paerata, the wizened veteran of earlier battles, said to Moetū.

'I will not take a man from his post,' Moetū replied. He slipped down the side of the pā and crept through the shadows of the trees to the stream. Three Pākehā riflemen were on patrol there, laughing at some joke. Moetū picked up a clod and threw it downstream. The soldiers, hearing the splash, went to investigate. 'Who goes there?' they called. 'Show yourself or be shot.'

Moetū began to fill the calabashes.

Kātahi ia ka rongo i ngā waewae o tētehi e kōnekeneke mai ana, inamata, ka kapi te ringa o tētehi i tōna waha kia kore ai ia e hāmama. 'Tō kīkiki ki te haere takitahi mai,' ko Kararaina. Kua mauria mai e ia ētehi atu tahā.

'Māu rawa te kōrero mō te kīkiki,' ka whakahoki a Moetū. 'E hoki ki te pā.'

Kawata mai ana ngā mata o Kararaina i te atarau. 'Kāti te kōrero,' ka mea ia. 'Kia tere tāua.'

Ka whakakīkī rāua i ngā tahā, kātahi ka hoki, ko Kararaina i muri, ko Moetū i mua me tana pū.

Nō te hokinga atu ki roto, ka kowhete a Kararaina i a ia. 'Ki te puta atu anō koe, kei noho koe ka haere takitahi atu.'

Kātahi ia ka huri, toro tonu atu te ringa o Moetū ki a ia, me te pātai. 'He aha te take kei konei koe?'

Ka whakamau ngā kanohi o Kararaina ki ō Moetū, ka mea. 'Whai ai māua ko taku tuakana i tō mātou rangatira, i a Rewi. I hinga ō māua mātua i te pā o Meremere. Ko tā Whetū he pupuhi, ko tāku he whakakīkī i tana pū.'

Me te wai te rere mai o te kōrero i tōna waha.

There was a rustling sound, and someone put a hand over his mouth to prevent him from crying out. 'You are foolish to come here by yourself,' Kararaina said. She had brought more calabashes with her.

'Don't you tell me who's foolish and who isn't,' Moetū hissed. 'Get back to the pā.'

Her eyes gleamed in the night. 'I'm here now,' she said. 'Get used to it.'

Wordlessly, they filled the calabashes, and then, with Kararaina at the rear, rifle at the ready, they crept back to the pā.

'Next time you venture out,' Kararaina said, 'do not go alone.'

She turned to leave, but Moetū detained her. 'Why are you here?' he asked.

Kararaina looked at him, puzzled. 'My sister Whetū and I follow our rangatira, Rewi, she said. 'Our parents died for him when we were fighting at Meremere Pā. Whetū fires the musket, I load it.'

She said the words simply, as if nothing else needed to be said.

Te Wāhanga Tuawhā

Te tamaiti ngākau atawhai

1.

E kī! Kua tukuna au e Hūhana kia kōrero.

Kua haere ia kia mahia ōna makawe, nōwhea hoki māua ko Haimona e pīrangi haere i tōna taha ki te whare makawe, kōrerorero ai i ēnei momo kōrero. Kāore pea tērā e pai.

'Hei konei, Tuahine,' ka karanga atu au i a māua ko Haimona e wehe ana. Me hoki māua ki te pāmu ki te horoi me te kuhu i ngā kākahu papai mō te whakangahau ā te pō nei.

I a māua e wehe ana, ka hoki mai a Wally.

Ka kī atu au. 'Noho mai koe me tō pouaka whakaata.'

Hurō ana te ngākau o koroua.

Kāore e matara te haere i Tūranga ki te pāmu. Whakatū kau anō au i te waka ki waho i te whare, kua puta mai a Amber ki te mahau.

'Te kunekune hoki, he māhanga rānei?' Ka whakatoi au i a Haimona. He pērā rawa te nui o te puku me tāwharara tana tū kia kore ai ia e takapore.

'E koe!' Ka karanga ia ki a Haimona. 'Me pēwhea kē taku tiki atu i ngā tueke kei runga ake i te whata me e *pēnei* ana taku āhua.'

Ka heke mai ia i te mahau. Ka mea au ki te kuhu ki roto i te whare.

'Taihoa koe e haere, Pāpā Rua,' ka haere tonu ana kōrero. 'Te tikanga, kua hoki noa mai a Haimona ki te āwhina i a au ki te pōkai i ngā tueke. Kātahi kōrua ka puta ki te hī ika.'

Chapter Four

The boy with a protective heart

1.

Well, what do you know? Hūhana has let me tell Simon the rest of the story.

More correctly, she has an appointment at the hairdressers and, well, Simon and I don't want to accompany her there and wait while she talks to us from under a hairdryer. Would you? Not a good look.

'See you later, Sis,' I yell as Simon leads the way out of the house. We both need to drive home to the farm anyway, take a shower and get dressed for the pub tonight.

As we are leaving, Wally comes back in.

'The television is all yours,' I tell him.

Boy oh boy, is he glad to get back to the footy.

It's not a long drive from Gisborne to the family land. No sooner has the ute pulled up in the driveway of the homestead than Amber comes onto the verandah.

'Are you sure she's not having twins?' I ask Simon. She is so big with the baby that she has to lean backwards to counterbalance herself, otherwise she would topple over.

'I've got a bone to pick with you,' she says to Simon. 'How do you expect me to get the suitcases down from the top of the wardrobe when I am like *this*.'

She comes down the steps. I try to sneak past and let Simon deal with her.

'Don't think I'm letting you off the bloody hook, Papa Rua,' she continues. 'Simon was supposed to be home ages ago to help me with the packing. And what happens? You boys go fishing.'

He whawhai kei te haere. Me hiki ngā kōrero mō Moetū mō tētehi wā. Ka whati atu a Haimona ki te pōkai i ā rāua tueke me te mirimiri i ngā waewae o kuia, ka manaaki ia i āna amuamu, ka awhiawhi, ka kīia atu hoki e rite tonu ana tōna ātaahua ahakoa tōna puku, nāwai ka warea a Amber e te moe. E ngongoro ana te ihu o kuia i te putanga mai o Haimona ki tōku pīruru, kei reira au e rāwekeweke ana i taku kaingākau, he Chevrolet Impala nō ngā tau o te ono tekau, nō ngā tau o te ohinga, o te purotutanga, ko te rite i ahau, ko Elvis Presley.

'Kua tau te rangimarie,' ka mingo kata a Haimona. 'Tēnā, he aha te roanga atu o te kōrero mō Moetū?'

Tuatahi, me takoto i a au tētehi kōrero. 'Kei a Ngāti Maniapoto te whānuitanga atu o te kōrero mō Ōrākau, e tika ana māna e kōrero. Ka pōhēhē ētehi e pai ana mā rātou, pēnei i ngā tumu kōrero, ā, ko ētehi o ā rātou kōrero kāore e tika ana. Heoi anō, e hāngai ana tā tātou ki tā Ngāti Maniapoto. Kua pai?'

'Ka pai,' ka utua mai e ia.

'Tuarua, i tāwaitia ngā toa tāne i Ōrākau mō te noho mai a ngā wāhine me ngā tamariki i te pā; hei tā ētehi kāore tērā i tika. Engari kia mahara ake tāua, he mea whakahau rātou e ngā rangatira. E mahara tonu ana au ki te kōrero mai a taku pāpā ki a māua ko Hūhana e mea ana, "He rangatira koia rātou." Hei aha atu māna ngā kōrero a ētehi atu. "Ā, i takirua hoki tā rātou haere, te tāne me te wahine, e whai atu ana ko ngā tamariki." Ko te kōrero mai a taku pāpā, kāore ngā rangatira i tūraha, i whakawehe i a rātou anō i te wā o te pakanga, engari i reira tonu rātou i waenganui i te iwi e ārahi ana, hei tāna. "Kāore i rite ki ō te Pākehā rangatira i pāmamao tonu e mātakitaki mai ana i runga i ō rātou hōiho."

Ka mea a Haimona. 'Nā konā i rangatira ai rātou.'

What with her being on the war path, I have to postpone the story of Moetū until a couple of hours later. Simon puts their belongings into the suitcases, massages Amber's swollen legs, listens patiently to her complaints, gives her some loving, insists that she is still as beautiful to him as she was before she became pregnant, and then persuades her to take a nap before we go out. She is happily snoring when he joins me outside in my man cave where I am tinkering with my pride and joy: a vintage 1960s Chevrolet Impala from the days when I was young and sexy and looked like Elvis Presley.

'Peace in the valley,' Simon grins. 'Can you continue Moetū's story now?'

First of all, I have to remind Simon of something important. 'Ngāti Maniapoto have the primary right to tell the story of Ōrākau. Others think they can tell it; historians trample all over their right, and some of the many accounts are despicable to the memory of the dead. Our family story intersects with Ngāti Maniapoto's history, but is only enhanced by it. Kua pai?'

'Okay,' he answers.

'Second, some people criticise the Māori warriors at Ōrākau for having their women and children with them; they argue that surely that was putting them at risk. But remember, Simon, the families were led by rangatira — my dad always called them royal families, I can still hear him as plain as day, telling me and Hūhana, "They were royalty, do you hear?" He didn't care what other people thought. "They travelled together, a sovereign with his court, wife or hoa rangatira and children." Dad told us that, if there was a battle, the rangatira families would always be in it, leading from the front. "You never saw them sitting on their horses watching from a nearby hillside," he said.'

'No wonder their warriors were so loyal to them,' Simon nods.

'Tuatoru, ahakoa te rangatira o te tangata, ahakoa i Ōrākau, kāore rānei i Ōrākau, i pā tēnei pakanga ki te katoa. Kua mōhio kē te rūnanga kaumātua ki te kino o te parekura i Rangiaowhia kotahi marama i mua mai. I whakaaetia e te Pākehā me te Māori kia waiho a Rangiaowhia hei whenua rangatira, hei aha mā te pokokōhua Pākehā, tahuna ana ngā kāinga ki te ahi, tōwharetia ana, kaikinotia ana ngā tāngata o reira. Inātata nei i tētehi hui ka mea a Tame Roa, tētehi o ngā kaumātua o Ngāti Apakura, "I pāhuatia ō mātou tūpuna i Rangiaowhia." Nō reira, ko wai tāua ki te whakahē i te haere a ngā wāhine me ngā tamariki ki Ōrākau? Engari te mate i te pakanga i te mate kurī noa iho, i Ōrākau te tupuna o Tame, ko Paiaka Te Whakatapu tōna ingoa.

2.

Ka haere tonu aku kōrero. 'I mua tata mai i te pūaotanga o te rā tuarua o te whawhai ka whakaohongia a Moetū, e tū ana i waho atu i te kōhanga.'

'E tika ana te kōrero,' ka pā mai te reo o tētehi, 'moe tū ai te tāhae nei.'

I mua tonu i a Moetū a Whetū e tū ana, e memene ana ōna pāpāringa. Ka piri mai hoki a Kararaina ki a ia, ko ō rāua kākahu he huruwhenua, kia kore ai e kitea i te ngahere. E rua ngā pū, e toru ngā hāmanu e mau ana hei tākawe mā rāua.

'Kia mōhio mai koe', ka mea a Whetū, 'kāore taku teina e mate tāne ana.'

'Third, the Māori families throughout Aotearoa, rangatira or not, were all at risk whether they were inside or outside the pā. The council of chiefs already had the example of what had occurred at Rangiaowhia only a month beforehand. Both Pākehā and Māori had agreed that pā was a place of sanctuary for women and children, but that didn't stop the soldiers from making a dawn raid, burning homes to the ground and shooting a dozen or so of its inhabitants and imprisoning many others. At a recent commemoration, Tom Roa, an elder of Ngāti Apakura, said, "I pāhuatia ō mātou tūpuna i Rangiaowhia; our ancestors were killed unguarded and defenceless." Can you blame the chiefs who were at Ōrākau that they took their women and children with them? They decided it was better for them to die defended than defenceless. Tom's tupuna, Paiaka Te Whakatapu, was at Ōrākau.'

2.

'Came the morning of the second day,' I continue the story, 'and just before dawn Moetū was woken up from his guard duty at the kōhanga where the children were sleeping.

'So, it is true then,' a voice said, 'you do sleep standing.'

Whetū, Kararaina's sister, stood before Moetū, a smile of amusement playing over her face. Kararaina had joined her and they were both dressed in clothing that would blend in with the bush. They looked like bandoleros, carrying their two muskets and holding three hāmanu each for their cross-shoulder cartridge belts.

'I just want to tell you', Whetū said, 'that my sister has no time for boyfriends.'

Ka mea atu a Moetū, 'Kāore au e tino mōhio ana ki a Kararaina.'

'Ka pai,' tā Whetū. 'Kaua tēnā e rerekē ake.' Kātahi ia ka huri, ka haere, whai atu ana i muri ko Kararaina.

Ka whai atu a Moetū i a rāua. Kua tāwaikohutia te pā katoa, tē puta ai te rā ki te whenua.

Ka whai haere tonu a Moetū i a rāua e omaoma ana i ngā awarua. Ka rere a Whetū ki tētehi wāhi, i reira ētehi e hanga kāreti ana. Ka hoatu ia i ngā hāmanu e toru, engari i whakakīkī noa iho rātou i ngā mea e rua ki te matā me te rākau anō hoki.

'Mā tēnei ka aha?' Ka pātai a Whetū.

'Kaua e moumoutia. Kia tūpato hoki.'

I te whakatika a Whetū rāua ko Kararaina i ō rāua tākawe, kātahi a Moetū ka kite i a Te Haa me ērā o Rongowhakaata e tirotiro ana i ngā maioro o te pā.

'E pai tonu ana, ahakoa ngā karawhiu o te pō,' ka mea a Te Haa.

I whakapurua ngā parepare ki te huruwhenua, nā konā i tū tonu ai. Ka unuhia te kohu i runga ake i te pā, kātahi a Te Haa ka kite i ngā hōia e puta mai ana, ka puta tana kupu ki a Moetū. 'Nāwai hoki koe i a au, e tama!'

Nō te unuhanga o te kohu ka kite a Moetū i tae mai ētehi atu hōia i te pō ki te whakakaha i te matua.

Ka piri mai a Whetū rāua ko Kararaina ka kite rātou i te mahi a te hōia e whaihanga ana. 'E aha ana rātou?' Ka pātai a Kararaina.

'Kei te keri te pokokōhua kurī rā i tōna ake awarua, kāore e rerekē ake i ō tātou,' tā Te Haa.

'I hardly know Kararaina,' Moetū blurted out.

'Good,' Whetū said. 'Keep it that way.' She turned on her heel, and Kararaina, with a shrug of her shoulders, followed.

Moetū tracked after them. Outside he saw that a fog had enveloped the pā, so thick that the soldiers were hidden in the swirling mist.

He followed the two sisters as they ran along the rifle pits that dotted the inner ditch. Whetū darted into one of the underground rua, where six armourers were making cartridges. When she gave the men the three hāmanu, they filled only two, counting into them a mixture of real shells and wooden bullets.

'Is this all you're giving me?' Whetū asked as the armourers doled out a small measure of gunpowder.

'Don't waste a shot. And be sure to get back.'

Whetū and Kararaina were adjusting their belts when Moetū saw Te Haa and the Rongowhakaata warriors surveying the earthworks.

'Looks like the pā survived the bombardment during the night,' Te Haa said.

The earthworks were packed with fern, which had enabled the redoubt to recoil and spring back into shape. Te Haa peered into the mist and saw soldiers emerging. 'What have I brought you to, boy?'

A sudden wind dispersed the fog enough for Moetū to see that, during the night, Carey had received reinforcements.

Whetū and Kararaina joined them. They noticed a huge concentration of military personnel at one position. 'What's happening over there?' Kararaina asked.

'The bulldog is digging its own trench, which he calls a sap, though it's no different from our awarua,' Te Haa explained.

Ka titiro au mehemea e whakarongo tonu ana a Haimona. Kāore au e hiahia ana ki te whakamoe i a ia, engari e ai ki te kōrero nā te haerenga mai o te 200 hōia i Te Awamutu i taua pō tuatahi i eke ai te tokomaha o ngā hōia Pākehā i Ōrākau ki te 1700 tāngata. Ahakoa tō rātou tokomaha, kāore tonu a Carey i whakaae kia kōkirikiri te whakaeke, he mōhio nōna ki te kaha o te Māori ki te whawhai. Nā reira i tīmata ai rātou ki te keri awarua, tekau, tekau mā rua putu rānei te whānui. I tīmataria i te pō, i te wā e māriri ana te pakū o te pū. E ahu ana te waha o te awarua ki te uru, ā, e kōpikopiko ana te haere. I whakatūria hoki he pākai i ētehi wāhi o te awarua hei taumaru i ngā hōia ka puta mai ana ki te pupuhi.

'Me kati atu te kurī rā,' ka kī a Whetū. 'Hoake tāua.'

Kātahi ia ka peke ki waho o te pā, ka whai atu a Kararaina. I tūtaki rāua ki ētehi atu, ā, rere tika tonu atu rātou ki te ngahere, inamata, kei ngā rākau e piki haere ana.

Ka kite a Moetū i a Whetū, e kerokero ana ōna mata ki te pupuhi i ngā kaikeri, kātahi ka hiko tana pū.

'He matā, he pītiti rānei?' Ka pātai a Moetū ki a Te Haa e mātakitaki ana i a Kararaina e whakakīkī ana i te pū a tōna tuakana.

'Hei aha koa,' ka utua e Te Haa, 'ko te mea nui kei te whakararu i te hoariri. Ki te pātata mai rātou, ka pākaru mai rātou ki roto, ā, ko te horonga tēnā o te pā.'

Kātahi ka hāmama te waha o tētehi, 'Kua tae mai tētehi ope!'

I check Simon is still paying attention. I don't want to bombard him with numbers, but the record says that the total number of imperial troops at Ōrākau had risen, that first evening, to 1700 with the arrival of 200 more of the 18th Regiment from Te Awamutu. Even still, Carey had decided that the Māori fire was too dangerous for his men to continue to assault the redoubt without cover. He ordered a flying sap to be constructed, ten to twelve feet broad. Engineers had begun work on it during the night when there was no immediate danger of fire. Open to the west, the sap zigged in a northerly direction and zagged easterly. It had many turns and angles and, every few yards, gabions were fixed into the ground above, providing protection when the soldiers peered out from the trench to fire their rifles.

'The bulldog must be stopped,' Whetū said. 'Come, sister.'

She vaulted over the parapet, and Kararaina followed her into the outer ditch. They made rendezvous with other marksmen and, on the run, slithered through the palisade and headed for the trees. A few minutes later, they were climbing up into the foliage.

Moetū saw Whetū sight on the engineers building the approaching sap; there was a flash from the muzzle as she fired.

'Bullet or peach stone, I wonder?' he asked Te Haa as he watched Kararaina reload for her sister.

'Anything,' Te Haa answered, 'as long as it slows down the digging. The sooner the sap reaches the pā, the quicker the soldiers' assault will come. They will pour down the trench and into Ōrākau and nothing will stop them breaching the palisades.'

Suddenly, someone from the pā shouted, 'Look! More reinforcements have come from our own people.'

Ka puta ake tētehi ope i te taha rāwhiti o te pā i haere mai i Taranaki rā anō, ā, e whai ana ki te tomo ki roto. Nō te kitenga atu, ka ora ake te ngākau o te pā, engari kotahi atu ana a von Tempsky mā ki te aukati i a rātou. Tutū ana te puehu i te kakari! Hoari ki te taiaha, taiaha ki te hoari.

'E kore rātou e wāhi i te kati a te Pākehā,' ka mea a Rewi. Ka tīmata ia ki te haka, ngāteri ana tērā te whenua i te haruru o ngā tapuwae.

'He kau rā, he kau rā, ū – ū
He kau Kāwana koe
Kai miti mai te raurēkau
A, he kau rā, he kau rā, ū – ū –'

Ka hāpaitia mai e ngā mea o waho i te pā ki te pakū o te pū, ā, ngaki tonu mai rātou ki te wāhi i te kati a te Pākehā.

3.

'Ki konā rātou pakanga atu ai,' ka mea au ki a Haimona, 'he aha te aha. Kāore tonu ngā mea o Taranaki i kuhu ki roto.'

Ka tango au i ētehi o ngā pukapuka me ngā niupepa kei te kōpaki a Pāpā. Nā Hūhana i whakaae kia tangohia mai, engari me āta tiaki e au, he taonga puipuiaki.

Ka whakaatu au i tētehi kōrero ki a Haimona, he mea tā ki te *Hērara o Taranaki* i te 9 o Paengawhāwhā, i te tau 1864, kotahi wiki i muri mai i te pakanga i Ōrākau.

'"I te Rāmere, ka tino māriri te pakū o te pū a te taha Māori,"' Ka pānuitia atu e au, '"ā, ka kaha kē atu te pupuhi a te taha Pākehā, nā ngā pākai i āhei ai ngā hōia ki te pupuhi tonu i te tatanga atu ki te pā." I māriri ai,' ka mea au ki a Haimona, 'nā te mea kua kore hoki ā te Māori matā.'

A war party, having travelled a long way from Taranaki, had appeared on the east side of the pā and was endeavouring to reach the rangatira families within. Hope rose among the defenders; but von Tempsky and his Forest Rangers wheeled to confront the latecomers. A fierce skirmish ensued between horsemen and warriors, sabres and taiaha clashing in the sun.

'Our allies cannot break through,' Rewi said. He led his fighters in the redoubt in a haka of defiance against the British troops, their feet stamping the ground, their voices breaking the air apart.

'He kau rā, he kau rā, ū – ū

He kau Kāwana koe

Kai miti mai te raurēkau

A he kau rā, he kau rā, ū – ū –'

The Māori reinforcements responded with volleys of musketry, and endeavoured again to penetrate the thin red line.

3.

'Try as they might,' I tell Simon, 'the Taranaki warriors could not get by the Forest Rangers.'

He watches as I take out some of the books and newspaper clippings that are in Dad's folders. Hūhana let me bring them from her place on strict instructions that I would look after them: my life depended on it.

I show Simon one clipping from the *Taranaki Herald*, 9 April 1864, just a week after Ōrākau had fallen. '"During the course of Friday the firing on the part of the Maoris considerably slackened,"' I read to him, '"and as sensibly increased on our side, owing to the protection afforded by the gabions enabling the soldiers to fire at close range at the pa." Of course it slackened,' I say to Simon. 'The warriors were rapidly running out of ammunition.'

E tirotiro ana a Haimona i ngā niupepa. 'Pāpā Rua, kei konei e mea ana, i whakaratoa ngā hōia ki te mahi a te pū, ā, i tētehi o ngā rangi o te whawhai e 40,000 ngā matā i whakaratoa atu, tae atu ki ngā pohū me ngā rākete. He aha ngā rākau a te Māori?'

'He iti noa iho. He tūpara ā rātou me ētehi atu tūmomo pū, he pātiti, he taiaha, he mere, ā, koia. Ko te waimarie, kāore a Carey rāua ko Cameron i mōhio ki te raruraru kua pā ki a rātou. Maringanui, kāore hoki rāua i mōhio tokowhia rawa ngā tāne i roto i te pā. I te rā tuarua o te whawhaitanga nā te rukenga mai o te rākete i tino mate ai rātou, nuku atu i te whā tekau i mate i te ngaunga a te rākete, a te matā hoki. Ka mate i konei ngā wāhine me ngā taotū ki te pakanga i te taha o ngā tāne.'

'Pūhia a waho, pūhia te parepare o waho,' he rite tonu te karanga.

Whawhai tahi ai a Takurua rāua ko tōna hoa wahine, ko Rāwinia; i tū te kanohi o Takurua i te matā, ā, ka pohe te koroua rā i tana tākai, nā reira ka noho a Rāwinia hei karu mōna ki te pupuhi.

Kāore i matara i a rāua a Hineatūrama e whāwhai ana ki te tākai i te waewae o tana tāne, o Rōpata, kua tū i te matā. I te āwhina tana tamāhine i a ia.

'Pūhia a roto, pūhia te parepare o roto.'

Kua pau katoa te wai, ā, kua pau tonu ngā matā. Nā, ka kite a Tūpōtahi kua kore tonu he matā, kua kore hoki he wai, kātahi ia ka inoi ki a Rewi me te rūnanga kaumātua kia wāhia e rātou te pā kia ora ai te iwi. Ko Tūpōtahi te taituarā o Rewi, engari kāore tonu ia i whakaae kia wāhia te pā, ka puta tana kupu.

Simon is looking through other clippings. 'It says here, Papa Rua, that the soldiers were supplied with Enfield rifles and that on one day of the battle some 40,000 rounds were issued as well as ample supplies of hand grenades and high-explosive shells. What did the Māori defenders have?'

'Not much. Some double-barrel guns, a number of flintlock muskets and a few rifles, plus hand-held tomahawks, taiaha and mere — that was it. Lucky for us, Carey and Cameron didn't know how desperate our situation was. They also didn't know how many men were in the pā, which was another advantage on our side. But, on the second day of the siege, the manpower situation became grave as constant shelling and firing killed another forty or so of our number. The wounded and the women were dragooned into fighting alongside those who were left.'

'Pūhia a waho, fire the outer line,' came the constant call.

Takurua and his rangatira wife Rāwinia sat beside each other; Takurua's face was bandaged and he could not see, so Rāwinia was firing the rifle for him.

Close by, Hineatūrama was trying to bandage her beloved consort Rōpata, and screaming with anger because he had been wounded; her daughter Ewa was helping her.

'Pūhia a roto, fire the inner line.'

The water had run out. The greater part of the ammunition had been fired away. One of the warriors, Tūpōtahi, made a request of Rewi and the other chiefs that they should abandon the redoubt under cover of the fog. Tūpōtahi was one of Rewi's main lieutenants, and his advice was given as a tactician: live to fight another day.

'Whakarongo mai, te rūnanga me ngā iwi. Ko te whawhai tēnei i whāia mai ai e tātou, ā, i oma hoki hei aha? Ki tōku mahara hoki, me mate tātou, mate ki te pakanga, ora tātou, ora ki te marae o te pakanga.'

Ka puta rawa mai te rā, ka mahea ake te kohu i runga i te pā.

Kātahi ka peke ki waho ētehi o ngā mea o Tūhoe, ka kōkiri i te Pākehā i te taha rāwhiti o te pā.

Ka hau te karanga a Rewi. 'Taupokina, taupokina.' Ka ara ake te kura o tana taiaha ki runga, ka whakaoraoratia. Rere ana te ihiihi, rere ana te wanawana.

Ka hinga i te matā a Te Huirama o Tūhoe i te whananga. Ki konā rātou whana atu ai, kāore i taea e rātou te kati a te Pākehā te wāhi, he tokomaha rawa, ā, ka hoki mai ki roto.

Ka mea au ki a Haimona, 'E ai ki ētehi, i haere a Tūhoe ki te mate ki te pakanga, kāore rātou i mahara ka hoki tū atu rātou ki te hau kāinga i wehea mai e rātou.

'Paka noa ana te rā i te awatea. I te kuoro witi ngā wāhine, i raro i te whakahau a Ariana, hei puehu parāoa, ā, he mea hunuhunu hoki te rīwai ki te ahi hei whāngai i ngā tāngata o te pā. He mea āta whakarato ki ngā tāngata whawhai. Kīhai i roa i muri mai ka tīmata rātou ki te ota i ngā kai e toe ana, engari nā te kore wai i maroke ai ngā korokoro, ā, uaua ana tērā te horo i ngā kai. Nā reira i tahuri rātou ki te ota rīwai, kamokamo anō hoki hei whakangata i te matewai.'

'Whakarongo mai te rūnanga, me ngā iwi,' Rewi answered. 'Ko te whawhai tēnei i whāia mai ai e tātou, ā i oma hoki hei aha? Listen to me, chiefs and warriors all, it was we who sought this battle, why then should we retreat? Ki tōku mahara hoki, me mate tātou mate ki te pakanga, ora tātou ora ki te marae o te pakanga. Let us abide by the fortune of war. If we are to die, let us die in battle. If we are to live, let us live defending the pā.'

The sun leapt high, burning the fog away.

All at once, the Tūhoe defenders made a kōkiri, a charge against the troops on the eastern flank.

'Whakaekea, whakaekea,' Rewi cried. He made attacking gestures with his taiaha and brandished his whalebone club.

The warrior Te Huirama was shot dead in the Tūhoe rush. The wall of Pākehā soldiers, with their superior numbers, could not be breached and the attackers fell back to Ōrākau.

I tell Simon, 'Some people say that when they arrived at Ōrākau, the Tūhoe warriors had already decided among themselves to be a kamikaze squad; they had no intention of returning to their mountains.'

After that, the day became scorching hot. Up to this moment in the siege the rangatira women, under the command of the woman called Ariana, had ground flour from wheat and baked bread. They had cooked potatoes on fires in the excavations to feed everyone in the pā. Now the remaining kai was rationed to the fighting men. Very soon the only food left was uncooked and, without water, the warriors were unable to swallow it. They quenched their thirst by sucking on raw potatoes and kamokamo.

I te kōhanga, ka kite a Moetū i ngā mātua e whakamomori ana i tō rātou kitenga atu i ā rātou tamariki e hemo ana i te wai. Ka tono ia i a Ngāpō ki te haere i tōna taha ki te tiki wai ahakoa e awatea tonu ana. Ka whati atu rāua, e mau ana ngā tahā. I a rāua e kōutuutu ana i te wai ki roto i ngā tahā ka kitea rāua e te Pākehā, ā, tere tonu tā rāua hoki ki roto ki te pā.

'Tō heahea hoki,' ka kowhetetia ia e Kararaina. 'Kaua e waiho mā tō ngākau koe e ārahi. Me mate ai koe!'

'E pai ana au.'

'Me i mate koe, kua riro mā wai ngā tamariki nei e tiaki?'

Ki a Moetū kāore i hē tāna mahi. 'I te mate rātou i te wai,' ka mea atu ia ki a ia. 'I konei tonu koe ki te tiaki i a rātou.'

Ka huri atu ia kia kore ai a Kararaina e kite i te aroha e kai torohū ana i a ia. Ka waiwai ia i ngā karukaru, kātahi ka kōtētēhia kia māturuturu iho te wai ki roto i ngā waha o ngā tamariki.

'Māku e mahi,' ka tangohia ake e Patu. I te mātakitaki ia i a Moetū, kāore nei i inu. Mutu ana tana whakainu i ngā tamariki, ka whakahokia te karukaru e Patu ki a Moetū. Ka puta tana whakahau: *Me inu te katoa, koinā tāu i kī mai ai, nō reira!*

Kātahi a Moetū ka haere ki te kōrero ki a Te Haa mō te āhua o ngā tamariki. I reira a Rewi e kōrero ana ki a ia.

'Kāore e roa ka kitea mai e te Pākehā te āhuatanga kua pā ki a tātou, kua tokoiti nei hoki tātou. Kia mōhio rātou kua kero ō tātou ringa, ka rere mārō tonu mai rātou ki runga i a tātou.'

I taua wā, ka takoto he mahara i ngā wāhine me ngā pouaru.

Down in the kōhanga, Moetū watched in despair as visiting parents grieved that the children did not have water. In desperation, he called Ngāpō to come with him on his second mission to get water, this time in daylight. They made it with calabashes to the stream – a few quick fills of water before they were spotted – and then they dashed back to the pā.

'You have been foolish again,' Kararaina reprimanded him. 'You let your heart rule your head. What if you had been killed?'

'I wasn't.'

'But if you had, who would have looked after the children?'

Moetū didn't want to admit he was wrong. 'They needed water,' he said stubbornly, before softening. 'And you would have been here to care for them.'

He turned away, not wanting Kararaina to see how much he thought of her – but couldn't she hear his pounding heart? Soaking a cloth in the water, he squeezed droplets, one by one, into the mouths of the children.

'I do it,' Patu said, taking over. He kept a sharp eye on Moetū, who clearly had no intention of taking water himself. At the end, Patu brought the cloth to him. His stern look would brook no argument: *Five drops of water for everybody, including you, you hear?*

Moetū went to report to Te Haa that the children were holding out well. He found Rewi talking to him.

'Very soon, the British will see that our numbers are depleted: it won't take them long to guess the situation. Once they have the scent of victory they won't wait for their sap to be completed.'

The women, mainly the newly widowed, came up with an idea.

Mōhio tonu atu a Moetū he take e haere ana i te haerenga mai o Whetū ki te kōhanga ki te tiki i a Kara. Ka mahue a Ngāpō ki te tiaki i ngā tamariki, ka whai atu a Moetū i a rāua ki roto i tētehi o ngā awarua kei reira e huihui mai ana ngā wāhine. I reira a Ahumai e kōrero ana ki a rātou, ā, i tō rātou taha ngā tūpāpaku e takoto ana. Nā Ahumai ngā wāhine i tohutohu ki te āta tango mai i ngā kākahu o ngā tūpāpaku kia kuhuna ai e ngā rātou.

'He aha oti tēnei hanga, e kui?' Ka pātai a Moetū ki a Ahumai.

'He poroporoaki i ngā mate, he tuku i a rātou kia haere, engari kia waiho mai ō rātou kākahu hei kuhu atu mā mātou ngā wāhine.'

'Ahau nei,' ka mea a Whetū, 'ka kuhu i ngā kākahu o taku pākanga, o Te Huirama.'

Tangi rikiriki ana ngā wāhine i a rātou e tangotango mai ana i ngā kākahu o ō rātou tāne, matua, tungāne anō hoki. E ai ki ngā kōrero a te hunga i reira 'i whakakākahu noa iho ngā wāhine i a rātou ki ngā kākahu tāne', engari i nuku noa atu i tēnā. E kore rawa te wahine Māori e kuhu noa i ō te tūpāpaku kākahu, engari he tikanga anō i whāia e rātou i taea ai e rātou te pērā, ā, mau tahi ana ngā kākahu me te mana o ngā tāne i ngā wāhine rā.

Kua whakatāne hoki rātou i a rātou, pouaru mai, tuahine mai, tamāhine mai, pākanga kiritahi mai.

Kātahi a Whetū ka kōrero. 'Kāti, hei whakatepe.' Ka tohu ia i a Kararaina kia tū i mua tonu i a ia ka hiki ake i ōna makawe, kātahi ka kotia kia poto. Matawaia ana ngā kanohi o Kararaina i te kitenga āna i ngā māwhatu e taka iho ana ki te papa. Koinā tana whakahīhī kotahi. Ka makere hoki tana rīpene.

Ka mea ia. 'Ka tupu mai anō i roto i te wā.'

Moetū realised something was happening when Whetū came to the kōhanga and gestured to Kararaina to follow her. Intrigued, he left Ngāpō on guard duty and followed them. The two sisters darted into one of the underground rua and, when he entered, he saw it was already filled with women. Ahumai Te Paerata was there and it was clear that she had organised the women for some purpose. Fallen warriors were lying to one side, awaiting burial. Under Ahumai's instruction, the women were reverently removing the warriors' outer clothes and dressing themselves in their tunics and trousers.

'What is happening here, e kui?' Moetū asked Ahumai.

'We are farewelling our men and asking the dead for permission to change ourselves into the men.'

'In my case,' Whetū explained, 'I ask my cousin Te Huirama's consent.'

Indeed, as each woman knelt to her husband or father or brother or cousin, she gave the hongi to the tūpāpaku and breathed into herself the mana, the strength that still remained. Witnesses who saw them later said only that 'the women dressed as men', but it was more than that. No tribal woman would take the clothes of a dead man and put them on herself unless there was consent.

Kua whakatāne rātou i a rātou: the widows became their husbands, the sisters became their brothers, the daughters became their fathers and cousins became their whanaunga.

'One thing more,' Whetū said. She motioned to Kararaina to become the example and to stand in front of her. She lifted Kararaina's glorious hair off the nape of the neck. With two strokes of her knife, she cut the tresses at the place where they were usually tied back with her red ribbon. As Kararaina held the locks in her hands, tears sparkled in her eyes. Her hair had been her one great vanity. She kissed the ribbon and let it fall to the ground.

'My hair will grow again,' she said.

I rongo ia i tētehi e kukume ana i tōna panekoti, i tōna taha a Rāwinia, tētehi o ngā tamariki e tū ana, 'Tēnā koe, Rāwinia' ka menemene atu ia.

I te roanga atu o te pakanga i rite tonu te hīkoi haere a ngā wāhine i te pā kia pōhēhē ai te Pākehā i te nui tonu ngā tāngata o roto.

4.

'Kia mōhio koe,' ka mea au ki a Haimona, 'he tika tonu tā taku tuahine i kī ai, ahakoa kāore te tinana o Moetū i pakari pēnei i te toa, i a ia ōna anō pūkenga. I tāna kitenga atu i te tokoiti o ngā toa e ora tonu ana, mōhio tonu ia me āwhina atu ngā tamariki, ka mahuki ake te aroha i roto i a au: 'Kotahi atu a Moetū ki a Te Haa rāua ko Rewi.'

Anganui atu ana tana kōrero ki a rāua. 'Mā mātou koutou e āwhina. Kei ngā pekerangi ngā tāne me ngā wāhine katoa e whawhai ana.'

Ka utua tana kōrero e Rewi. 'E tama, e kore koutou, ngā tamariki e tukuna kia whawhai, ko koutou ngā reo o āpōpō me ātahirā.'

'He tika pea tēnā,' ka utua e Moetū, 'engari e hiahia ana mātou ki te āwhina. Tukuna mātou ki te tākawe haere i ngā matā me ngā hāmanu, i ngā wai me ngā kai e toe ana ki ngā tāngata kei te whawhai, ā, māku e āta whakarato mārire ki ngā wāhi o te pā e mate ana.'

Ka tautokona tōna whakaaro e Mihaere, teina o Te Haa. 'He whakaaro pai, me tika anō te tītaritari i ngā hāmanu. Ākuanei ka hua ake pea te Pākehā he aha i iti noa iho ai te pupuhi a te Māori, ahakoa te kaha o te pupuhi mai. Kia mōhio rātou kua pau tonu ā tātou matā, ko tō tātou matenga atu tēnā.'

'Engari he tamariki noa—'

She felt a tug at her skirt and saw the young child Rāwinia standing beside her. 'Not you, Rāwinia,' she smiled.

For the rest of the siege, the women paraded back and forth so that the British soldiers were fooled into thinking that the pā was still at full strength.

4.

'You know,' I say to Simon, 'my sister was correct to point out that no matter how young Moetū was, and although he didn't *look* like a warrior, he had his own skills. Looking at the pā, the reduced warrior manpower, he knew it was time for the children to join the women in supporting the able-bodied men.' I couldn't stop the twinkle in my eye: 'He went straight to the top, to Te Haa, and asked to speak on behalf of the children to Rewi.'

Moetū did not mince his words. 'You need us,' he said. 'All the men are busy fighting at the parapets, the women have taken up arms with them, too.'

'You think the council of rangatira chiefs will let you children fight alongside us, when you are all so precious to us?' Rewi asked.

'I know you won't,' Moetū replied, 'even though we would gladly do that. Instead, let us be the bearers of the ammunition, real or wooden, and what remains of our water and food to the fighters. And let me direct the supply according to which section of the pā needs it.'

Te Haa's brother, Mihaere, spoke up for the proposal. 'Our diminishing ammunition supplies must be distributed wisely and equally. Carey must soon wonder why there is heavy firing from their side but only intermittent fire from some parapets of the pā and nothing from others. Once he sniffs out that we are down to our last bullets, it will be the end for us.'

'But children—'

Kātahi ka pā te reo o tētehi, 'Tukuna mā rātou.' Ehara, ko Ahumai Te Paerata. Ka memene ia ki a Moetū. 'He atamai te tamaiti nei, ā, kei te āritarita rātou ki te āwhina mai, he mōhio nō rātou he kotahi tonu tātou i te marae o te pakanga.'

Nā runga i tērā ka karanga a Moetū i ngā tamariki kia hui mai, ā, ka wehea rātou ki ngā rōpū e rua. Ko ngā tamariki pakeke, tāroaroa hoki i raro i a rāua ko Ngāpō i te parepare o waho, ko tā rātou he kawe hāmanu, he kawe wai hoki ki ngā toa i reira. Ko ngā tamariki moroiti i raro i a Kararaina, ko tā rātou he huri haere i te puku o te pā kia pai ai tana unga i a rātou ki te kōhanga ina karawhiua rātou e te matā. Ko tā Moetū he āta whakarato atu i ngā hāmanu ki te hunga e whawhai ana.

'Me aha māua?' Ka pātai atu a Erana rāua ko Tihei. 'He mahi rānei hei mahi mā māua?'

'Āna,' ka utua e Moetū. 'Me mātua morimori kōrua i ngā pēpē, kia wātea kōrua, maimoatia ngā taotū.'

'He toa tātou nō te tauā a Moetū,' ka mea a Ngāpō ki ngā tamariki, 'ko ia hei rangatira mō tātou.'

Toko tonu ake i roto i te ngākau o Moetū te whakamīharo i te mātātoa o ngā tamariki i te mura o te ahi. He tika tonu tā Ngāpō. He taunga hoki rātou ki te āhua o te pakanga. I kaha tonu rātou, ahakoa te pakū o te pū me te tini o te tangata e hingahinga ana i te matā.

Ko te tino toa o rātou ko Patu, ka whati ia ki te wāhi i reira a Moetū kia whakakīa ngā hāmanu. 'Māku e mahi,' ka mea ia, e warea kē ana a Moetū ki te whakarato i tētehi atu. Nāwai i kaha te whawhai, ka kaha kē atu, kātahi a Moetū ka karanga, 'Taihoa, e Patu!' Engari kua whati kē atu, waimarie ia i ngā toropuke o te pā.

Kātahi a Kararaina ka tae mai, ka pātai atu. 'Kua pau tonu ngā hāmanu, nē?'

A voice came from behind the chiefs, 'Let them do it.' It was Ahumai Te Paerata standing there, and she smiled at Moetū. 'The boy has a good head and the children want to help us. They know we are all in this together for better or worse, in life — or death.'

With this agreement, Moetū assembled the children and divided them into groups. He placed the older and taller children under his and Ngāpō's direction on a circuit in the outer ditch, where they could carry ammunition and water to the warriors there. The younger and shorter children, under Kararaina's guidance, were on a circuit of the inner rampart, where she could direct them back to the kōhanga whenever she felt the shellfire was too dangerous. Moetū ran the armoury, dispensing the ammunition and calculating where it should go.

'What about us?' the two nursing mothers Erana and Tihei asked. 'Is there anything we can do to help?'

'Yes,' Moetū answered. 'Your first duty is to your babies, but you could attend to the wounded whenever you can.'

'We are all Moetū's warrior band,' Ngāpō said to the children, 'and he is our chief.'

Moetū's heart burst with pride at how fearless the children were under Pākehā fire. He realised that Ngāpō was right: helping during battle was second nature to them. And they carried on, even as the guns barked all around and the defenders slumped, having taken a shot to head or heart.

Bravest of all was Patu, scurrying to the armoury to have hāmanu filled. 'I do it,' he said, seeing Moetū busy supplying another young boy. The firing had reached a crescendo and Moetū cried out, 'Wait, Patu,' but he wriggled away and was on his way back, safely protected by the high walls of the earth bank.

Now Kararaina arrived 'There's not much ammunition left, is there?' she asked.

'Kāo,' ka utua e Moetū.

I roto tonu i tōna ngākau tētehi pātai e kōnatunatu ana. Ehara pea tēnei i te wā e tika ana ki te kōrero engari kāore i taea e ia te pupuru iho. 'He aha te tikanga o te kōrero a tō tuakana e mea ana kāore koe e pīrangi ki te tāne?'

Ka pāhanahana ngā pāpāringa o Kararaina, ka titiro ia ki a Moetū. 'Ko wai te tangata e hinga i te aroha i te wā o te pakanga? I pērā taku tuakana, ā, nā tana ipo ia i ako ki te pupuhi, inamata, ka patua i Rangiriri. Kua pōtaetia tōna māhunga ki te tauā, ā, tangi tonu ai ia i ngā pō ki tōna hoa.'

Ka kōrero a Moetū. 'Engari tēnei mea te aroha, tē taea te koromaki . . .'

Ka nanao atu ngā ringa o Kararaina ki ō Moetū. Kua koromakina e au te aroha. Kāore au e pai kia mahue mai tētehi ki muri nei tangi mai ai ina mate atu au. Ko te kai a taku ngākau he pakanga, ehara i te aroha.'

Ahakoa haere ai ngā rangatira me ngā mātua toa ki whea, ko tā ngā tamariki he whai atu. Ko ngā pani i Ōrākau i riro mā Moetū e tiaki. He tika tā Ahumai, he ngākau atawhai a Moetū.

He nui te aroha o tōna ngākau ki ngā mātua, i rite tonu tō rātou māharahara ki ā rātou tamariki ka mahue kau pea i a rātou i te ao nei. Ahakoa e whawhai ana, ka whakamihia tonutia ā rātou tamariki i ngā wā i taea e rātou kia mōhio ai rātou e whaihua ana tā rātou mahi.

Kātahi anō a Maaka, te pāpā o Patu ka haere ki a Moetū ki te tiki hāmanu, ā, ka tūtaki rāua ki a rāua. Kitea atu ana e Moetū te hēmanawa ōna e tū kahakore mai ana, kua tū ōna waewae i te matā, he mea turupou ki te peka mānuka me te harakeke. Ka kōrero atu ia ki a Moetū mō te wā i tūtaki ai rāua ko Pōwhiri, ko te whaea o Patu, i te haerenga atu i te taha o Rewi mā ki Taranaki i te tau 1860.

'No,' he said.

There was something Moetū had wanted to ask her. This was not a good time, but he took it anyway. 'What did your sister mean about you not having time for boyfriends?'

Kararaina blushed and then stared hard at Moetū. 'Would you want to fall in love during war? My sister Whetū did — her boyfriend was the one who taught her how to be a marksman, and then he was killed at Rangiriri. She speaks with the voice of experience; she knows what it's like to lose someone. She still cries for him at night.'

'But sometimes feelings for a person happen and . . .'

Kararaina pressed her hands over Moetū's, firmly. 'I have stopped my heart from responding to another heart,' she said. 'Nor do I want anyone who has the misfortune to love me to weep over me, if I should die. My life is a warrior's life, it cannot admit love.'

Wherever the rangatira and the warrior parents went, the children went. At Ōrākau, as they became orphaned, they turned to Moetū. Ahumai was right: he was indeed a boy with a protective heart.

He felt sad for the parents, who were in constant fear they would die and leave their children to fend for themselves in the world. They would caress their children as they ran past because, even in the midst of war, they knew the children needed to be shown they were doing a good job that benefited everyone.

Patu's father Maaka came to the armoury and introduced himself to Moetū. His face was wan with exhaustion, and he was standing with great difficulty as both his legs had been shot through; one was held together with a mānuka splint bound with flax. He told Moetū how he had met Patu's mother, Pōwhiri, when he went with Rewi Maniapoto on his expedition to Taranaki in 1860.

'I rokohanga noatia atu te aroha . . . mea ake kua hinga tētehi i tētehi, kātahi ka puta mai tā māua tamaiti, ahakoa kāore māua i hiahia ki te whakatupu tamariki i te wā o te pakanga. E rua tau i muri mai ka hoki pēnei mai mātou; he whaiwhai haere hoki te mahi a ētehi whānau i ō rātou tāngata toa. Nō houanga a Pōwhiri i patua ai, ā, whakarērea iho nei māua ko Patu. Ki te riro ahau, māu taku tamaiti e tiaki. Māu ia e kawe ki Te Wairoa ki taku teina. Hei reira pea tau ai te rangimārie ki runga i a ia, kāore nei i tau ki runga i ōna mātua.'

Kīhai i taro, ka hinga a Maaka i te matā, ā, mate rawa, hurihuri ana, rapurapu ana ngā mahara o Moetū me pēwhea hoki te kōrero atu ki te tamaiti e whā ōna tau mō te matenga o tōna pāpā.

I te kīnga atu o Patu ka whakamoroki ia. I te nehunga o Maaka me ētehi atu ki te rua kotahi, ka mātaki noa atu a Patu i a Moetū e tāpuke ana i a rātou, kātahi ka tangohia atu e ia te hāwara ka kī, 'Taku pāpā, māku e mahi, ā, ka tīmata tana papaki i te oneone.

'Māku a Patu e hari ki Te Wairoa kia mutu te pakanga,' tā Moetū ki a Te Haa. 'Māku e mahi.'

'Mehemea rā ka puta te ihu,' ka utua e Te Haa.

Mehemea rā ka puta te ihu.

Kātahi a Patu ka ui atu ki a Moetū, 'He aha tēnei mea te mate?'

Tōna tamariki ai ka puta i a ia tētehi pātai pēnā: Me pēwhea hoki tā Moetū whakahoki? He whenua, he whenua, he whenua e mate ai te tangata — ahakoa te tika o tēnā kōrero kāore i mauru ake te wehi ōna ki te ngau a te matā, ki te wewero rānei a te pēneti, whakarikarika ana ia i te tūpono ka pērāhia a Patu.

Ahakoa i pokea rawatia rātou e te mate, he inati tonu te māia o Moetū, rātou ko Kararaina, ko Patu, ko Ngāpō, ko Areka, ko Rāwinia me ēra atu tamariki i te puta o te riri.

Whero tonu te papa i te toto, kerakera tonu te haunga i te mate — he piro anō tō te mate, tō te manu pirau a Tiki.

'Neither of us wanted to fall in love but . . . we did, and although we didn't want a child during the war either . . . we did have one. I came back with Rewi two years later and Pōwhiri and Patu came with me; they were camp followers like many families that supported the husband warrior. Pōwhiri was killed a year ago, and since then it's been only Patu and me. If anything happens to me, look after my little man, will you? Take him to my brother in Wairoa, would you? Maybe he will be able to find peace in his life, even if his parents never did.'

When Maaka was killed in a hail of gunfire not long afterwards, Moetū wondered how to tell the four-year-old his father was dead.

But Patu took the news stoically. When Maaka and six others were buried in the communal grave, Patu stood watching Moetū digging the earth, then took the shovel from him. 'My father, mine,' he said, patting the soil down. 'I do it.'

'I will take Patu to Wairoa after the battle is over,' Moetū told Te Haa.

'If he survives,' Te Haa replied.

If he survives.

And then Patu asked Moetū, 'What's it like to die?'

Patu was too young to ask such a question: Moetū was too young to answer. The warrior's death was to die for the land — but even this affirmation did not allay Moetū's fear of the bullet through the skull or the thrust of bayonet into belly; and the thought that this might happen to Patu was unbearable.

Regardless of the prospect of death, Moetū, Kararaina, Patu, Ngāpō, Areka, Rāwinia and the other children maintained their courage as shells rained around them.

The ramparts were smeared with blood, the nauseous smell of death — for death does have a smell, as the body begins to rot — was all around.

Kātahi ka puta te kupu a Rewi:

'Kua pau ngā matā.'

'Nāwai rā ka ohua te pā.' Ka tīkina atu tētehi o ā Pāpā pukapuka, *The New Zealand Wars* nā James Cowan, ka wherawhera ai i ngā whārangi.

'Anā! Koinei te tuhinga a Cowan, "He ope anō i haere atu i Ōhaupō ki te whakakaha i te Pākehā i te rā tuarua (arā i te tuatahi o Paengawhāwhā). Kua eke ki te kotahi rau hōia ināianei e awhi ana i te taha rāwhiti o te pā, he pū kairairi, he pū hurihuri hoki ā rātou." I taua wā tonu i te tūtata haere te awarua o te Pākehā, kua tōia hoki ki roto tētehi o ngā pūrepo, ā, haumaru ana tā rātou noho i roto rā me te pupuhi tonu i te pā.'

I tō rātou mōhio kua taea tonutia te pā e rātou, ka haere atu te Tianara me ōna tāngata ki te mātakitaki i ngā hōia e whakaeke ana.

Kātahi ka peke anō ngā toa tekau o Te Urewera ki waho, ka huaki i te awarua o te Pākehā. Ka whāia rātou e ētehi atu ki te patu i ngā kaikeri; ko te tama, a Te Haa, ko Pukenga, tētehi o ērā. Kōkiri tonu atu, kōkiri tonu atu, he aha te aha, kāore tonu i rutua iho te pokokōhua kurī rā. Ka werohia a Pukenga e te matā, titi tonu iho ki te manawa.

I taua wā, ka rukea te mahi a te rākete, ikeike noa atu whakaterangi, kātahi ka heke mai. Ko ētehi i rite ki te pere, titi tonu ki te whenua, ko ētehi i pakū tonu atu i te taunga iho, ko ētehi atu i hemo noa iho; he mea hanga ki te ipu tiamu te āhua, ā, e ngiha ana te wiki e rere ana ki te paura o roto, tētehi hanga whakamataku.

'Kia tere,' ka karanga a Moetū ki a Ngāpō, rātou ko Kararaina, ko Areka, ko Hineatūrama, ko Ewa me ētehi o ngā tamariki pakeke. 'Tīkina ngā paraikete, kia whā, kia rima pea koutou e pupuru ana, hopukia te rākete ki te paraikete i mua i te taunga iho ki te whenua. Ki te kore e pakū i te taunga iho, tīkina atu ka whakahokia atu ai.'

And then:

'We've run out of bullets,' Rewi said.

'Slowly, the pā was overwhelmed,' I tell Simon. I pick up one of Dad's books, *The New Zealand Wars* by James Cowan, and flick through the pages.

'Ah, here it is. Cowan writes, "Further reinforcements arrived on the second day (1st April), including Jackson's No. 1 Company, Forest Rangers, from Ōhaupō. There were now a hundred Rangers with their carbines and five-shot revolvers guarding the east flank." The sap, meantime, advanced — an unstoppable juggernaut — and one of the six-pounder guns was placed in it. From there its gunners had protection from Māori attack and could fire at their leisure at the pā.'

Sensing that Ōrākau would soon fall to them, the general and staff arrived to observe their army in its hour of victory.

In another suicidal bid, ten Urewera warriors rushed the sap, throwing rocks into it. Following them, ten more warriors leapt in to engage with the diggers; Te Haa's son, Pukenga, was with them, shooting at the soldiers. They tried another kōkiri, but this one failed also. Nothing could prevail against the mighty bulldog.

Pukenga was shot in the heart. And then from the sap came hand grenades. Thrown into the air, they rose up high over the parapet. Some were like stunted arrows that either detonated on impact or failed to go off; others looked like small jars or jam tins, a fuse burning ready to make contact with the gunpowder packed within. All could be lethal.

'Quick,' Moetū ordered Ngāpō, Kararaina, Areka, Hineaturama and Ewa and a couple of the older children. 'Get blankets, hold them between four or five of you and try to catch the grenade in them before they hit the ground. Pick up any that haven't detonated as fast as you can and throw them back.'

Kua mōhio kē a Ngāpō mā me pēwhea; ehara i te mea he tauhou rātou ki te rākete. Engari ka hē te manawa o Moetū i tana kitenga atu i a Patu e whai ana i a rātou ki te hiki i te rākete.

'Māku,' ka mea a Patu. Ka hiki ake ia i te rākete, engari nā te toimaha kāore i taea te ruke atu.

'Patu, kaua!' Ka tīwaha atu a Kararaina.

Ka kāwhakina e ia, ka huti mai i te wiki e ngiha ana, kātahi ia ka kōwhetewhete i a Patu.

Hohoro ana te rere o te wahine me te tamariki kia kore ai e mate i te rākete e heke mai ana ki runga i a rātou, he ua patapata tonu te rite. Kātahi ka pakū mai tētehi i te pekerangi i te taha tonu o Moetū, ka tūpou ia ki raro.

I te kaha o te hoihoi, kāore a Kararaina i kite i te rākete i makaia mai ki muri i a rāua ko Patu. E ngiha ana te wiki; kātahi ka kitea atu e Moetū.

'Kararaina!' ka karanga atu ia. *E whia hēkona atu anō i mua i te pakūtanga?*

Tahi . . .

Nō te rongonga i te karanga a Moetū, ka kite ia i te rākete me te mōhio kua pakū tonu. Ka titiro ia ki a Moetū — ko tō te pakanga mana, tā te pakanga whakatau — ka pupuru ia i a Patu.

Rua . . .

Kātahi nā ka oma mai tētehi me te karanga haere, 'Kararaina!'

Kāore i pau te rua hēkona: Panaia atu ana a Kararaina e Whetū. Kāore he tirotiro, ka tīkina e ia te rākete, kātahi ia ka hūpeke ki roto ki tētehi o ngā awarua.

Toru . . .

Haruru ana i runga i te rangi te pakūtanga, nā te awarua i aukati te rere mai o ngā maramara matā.

Wheoro ana ngā taringa o Moetū. Ko te tangi tīkapa tonu a Kararaina.

Ngāpō and the older children already knew what to do; they had dealt with hand grenades at other battles. Even so, Moetū's heart stopped when he saw Patu copying them and bending down to one of the missiles.

'I do it,' Patu said. He picked up a projectile that was far too heavy for him to throw more than an arm's length away.

'Patu, no,' Kararaina screamed.

She wrested it from his hands, pulled out its burning fuse and then crouched down to scold the little boy.

Everywhere the women and children were running helter-skelter, dodging the deadly objects as they thumped into the ground around them. Moetū heard a grenade explode against the palisade close by, and he ducked behind the bank.

With so much noise around them, Kararaina was unaware that another grenade had been lobbed onto the parapet and had landed behind her and Patu. This one also had a fuse; its flame caught Moetū's eye.

'Kararaina!' he cried a warning. *How long before it exploded? One . . .*

She heard his warning cry, turned and saw the grenade, and knew it was too late. She tried to smile at Moetū — there was never time to say goodbye in war — and held Patu close.

Two . . .

Someone came rushing and a voice roared out, 'Sister!'

It all happened in a moment: Whetū knocked Kararaina aside. With no time to think, she picked up the grenade and threw herself into an empty rua with it.

Three . . .

There was a *crump* and a huge concussive blast, but the burrow kept the shrapnel within its walls.

Moetu heard ringing in his ears. No, it was someone screaming, Kararaina.

I waiho te rua rā hei tanumanga mō ngā tūpāpaku o taua rā. Nō te nehunga ka tīmata a Ariana me ngā wāhine ki te tangi haehae. Ka roa noa atu e uhunga ana me te ngaru moana e kore nei e mātaki. Ka tahuri a Moetū ki te tangi tahi me Kararaina.

'Kua ngaro ōku mātua,' ka tangi kōrero a Kararaina, 'ōku tungāne e toru, ko Whetū hoki tēnei ka ngaro. Tōna tikanga, mā māua tonu māua e tiaki. Ka mutu ana te pakanga ka hoki māua ki ngā whenua o te whānau. Ko au anahe e mahue iho nei, hei aha rā hoki?'

Ka tau te pane o Kararaina ki te uma o Moetū, piri ai, whakarongo atu ai ki tōna ngākau e hotuhotu ana.

Ka piri atu a Patu ki a rāua.

'E Patu, e!' ka mihi atu a Kararaina. 'Hei ngarengare ahau mā wai? Mā wai?'

I mārama rānei a Patu ki te tikanga o tana kōrero?

'Māku,' ka mea ia.

The defenders used the rua for that day's burials. At the tangi, the woman named Ariana led the women's lamentations. They were wild and filled with grief, and this time it was Moetū's turn to offer Kararaina his aroha.

'I have already lost my parents,' Kararaina wept, 'my three brothers, and now Whetū. We were supposed to look after each other. After the war was over, we were going back to farm our family land. Now I have no one and nothing to live for.'

Moetū pulled her head onto his chest and let it rest there where she could hear his beating heart.

Patu joined them.

'Hello, Patu,' Kararaina said. 'Who will I load cartridges for now? Who?'

Did Patu understand what she was asking?

'I do it,' he said.

Te Wāhanga Tuarima

Puhi kura, puhi kākā

1.

Kī tonu te hōtēra i te whānau kua tae katoa mai ki te mihi ki a Haimona rāua ko Amber i mua i tō rāua wehenga. Kei te pāparakāuta e rārangi mai ana ngā tiaka, kī tonu i te pia hei hoatu ki ngā tēpu — ki waho rānei, ki te wāhi kei reira te hunga e whakaauahi ana.

E rērere haere ana a Wally, me te kōtiritiri. Nāna anō tana mate, a Hūhana i kimi, engari ka tutuki i a koroua ana tono katoa, e tirotiro ana ia i ngā mea o muri kia pai ai te haere o ngā mahi o mua. Kua whakaritea mai e tētehi o aku tama, e Mo-Crack ngā tukuoro kia pai ai te whakapāoho i ngā kōrero o te pō me te kareoke ā muri atu i tēnā. Kua oti kē ngā pukapuka waiata te tohatoha, ā, e tīpako ana tēnā me tēnā i tāna tino waiata hei tirohanga mā Rhonda kia kore ai ētehi e tuaruatia.

Kei te kokonga te kāhui kuia e noho ana, ā, kei reira a Hūhana. Te hia taea e tōna tangata ōna makawe te whakararata — mō ngā hāora iti nei — e nui ana te mihi a te tangata ki te pūtoi putiputi e mau nā ia.

'Ehara i te rōhi?' Ka pātai mai ia.

'Ehara, ko koe tonu te rōhi,' ka rūkahu atu au.

Ka hoki anō taku titiro ki ngā kuia rā: tērā tētehi āhuatanga rerekē, engari kāore au e mōhio he aha. Kātahi rā hoki, e mau pūtu kaupoai ana te katoa me te pōtae kaupoai anō hoki. Te āhua nei he kanikani kei te haere.

Chapter Five

Red plumes of the kākā

1.

The hotel is filled to overflowing with the whānau. There doesn't seem to be a member of the family missing from the farewell. Over at the bar the jugs are lined up, full of beer, ready to be carried through the crowd for this table or that one — or out to the verandah where the smokers have gone.

Wally seems to be everywhere at once. He must be oh-so-glad to be married to Hūhana, who orders him to check that the kitchen staff are doing their job or, if he has already done it, to check again. Over on the small stage, one of their sons, Mo-Crack, has set up the sound system for the speeches and, later, the karaoke singalong. The song sheets have already been distributed and everybody has passed their selections to the beautiful Rhonda so we won't be doubling up on the tunes.

Out in the snug, Hūhana is sitting with her cronies. The hairdresser has managed to tame her hair — for a few hours anyway — and people are complimenting her on the corsage she is wearing.

'Not roses?' she asked when I gave the flowers to her.

'I didn't want to give them competition,' I said, and almost gagged on the spot.

I take another look at the women: there's something strange about the way they are dressed. Good grief, they are all wearing cowboy boots. And are those cowboy hats? Looks like the gals are planning a bit of line dancing later, yee-ha.

E titihawa ana taku ngākau i te āhua o tā mātou tuku i a Haimona. He aha rawa rā tana koroua, a Wiremu i kore ai i hoki mai ai? He nui tēnei ao, te āhua nei i uru te hiahia ki roto i a ia ki te hāereere nōna i Mareia.

Engari anō māua ko Hūhana: kei Tūranga nei tō māua ao.

Kātahi a Tōti — koira tona ingoa karanga, ā, kotahi nei tōna waewae — ka tū ki te kōrero, 'Kua rite te kai.' Nō tō mātou huānga, nō Maybelline te hōtēra, ka kino kē tāna hora i ngā kai . . . he kai hauora hoki, ehara i te kai mōmona e mōhio nei au. Engari, he nui te huamata, te mīti me te ika; ka aroha hoki ngā tamariki e mātiro atu ana ki ngā kai Hapani. Kua kore hoki he kai kōhua, he rīwai penupenu rānei e kīnakihia ana ki te mahi a te pata, kua kore hoki ngā āwenewene o mua rā.

Kei te tēpu matua mātou ko Hūhana, ko Haimona, ko Amber e noho ana. Nā mātou a Amber i whakanoho ki te pito o te tēpu he nui nō te puku, kāore te ringa e tae ki te kai – me noho ia ki te taha. Kei tā mātou tēpu anō ngā pākanga kiritahi o Haimona, ngā uri o Wiremu. Ki ōku whakaaro ka whakahīhī mai a Wiremu i ngā whakahaere o te pō nei.

Ka tungou mai a Hūhana: me karakia ngā kai.

Noho rawa iho au kua tū te karaehe a Haimona, ka kōhumu mai ia, 'Kia paku whakanui tāua, ko tāua anahe.'

'Ka pai, e tama.'

He āhua rerekē tana kōrero. 'Ehara i te mea mā te rahi o te kurī i te riri e toa ai,' he kōrero nā Mark Twain, 'engari mā te rahi o te riri i te kurī, nē, Pāpā Rua?'

Tika tonu, e 'Mona, tino pai rawa atu tāu kōrero.

My heart is brimming over with happiness that we will be sending Simon off to Australia in grand style. I wonder why his Grandfather Bill never came back. I guess the world is a big place and Bill's experiences in Malaysia gave him a taste for travel.

Different to me and Hūhana: our world is here in Gizzy.

Hopalong — that's what we call Jimmy-One-Leg — goes to the mike and tells everyone, 'Time for kai.' Our cuzzie Maybelline owns the hotel, and her staff have put on a fantastic spread of . . . well, healthy food, not a fizzy drink, no pork with crackling or a cream bun in sight. Instead, lots of lettuce, salads, lean meats and fish; and the kids, the poor things, are eyeing the Japanese sushi and going 'Yummy.' The traditional boil-up — mashed potatoes with lashings of butter followed by pavlova and whipped cream — is a disappearing dream.

I am at the top table with Hūhana, Simon and Amber. We've put Amber at the end because her stomach stops her from getting close to the food — better for her to eat sidesaddle. Simon's rellos from Bill's side are at our table, too; I think Bill would be proud that we have all pitched in like this.

Hūhana gives me the nod: time to say grace so that everyone can hoe in.

No sooner do I sit down after giving the prayer than Simon raises his glass and whispers, 'Let's have a toast, just you and me, a private one, while we can.'

'Okay, boy.'

His toast is something curious. 'It's not the size of the dog in the fight,' he begins, quoting Mark Twain, 'it's the size of the fight in the dog, eh, Papa Rua?'

Yes, Simon, tino pai rawa atu tāu kōrero.

Nō te rā tuatoru o te whawhaitanga ka poroa e ngā hōia ngā wiki o ngā rākete, tau kau mai kua pakū. Mōhio tonu atu a Rewi mā kāore e roa ka horo te pā. Mōrihariha ana te tirohanga atu i te pākaiahi o te pā ki ngā wāhine me ngā tāne e tū ana i roto i ngā awarua, kua parua iho ō rātou mata ki te mamae, ki te werawera me te toto. Kua pau katoa te wai, ā, e pakaru mai ana te wera o te rā.

Kāore i ārikarika te rukenga mai o te rākete. Maioro ana, turikere ana tērā ngā taringa o Moetū i te pakūtanga mai o ngā pū. Kia kore ai e pōwhiwhi noa ngā tāngata o te pā i tahuri a Te Haa mā ki te rotarota.

Hua atu kua pokea a Moetū e te mataku me te pōuri, engari he aroha kau tāna i rongo ai. He toa i konei, he whānau rangatira anō hoki. Ehara i te mea he pononga noa iho ngā toa nā ngā rangatira, engari he hoa wāhine anō ō rātou, he tamariki anō ā rātou i mate ki te whai i ngā mātua ki te pakanga. Me he kāore i tae mai ki Ōrākau, kua noho tonu iho i ō rātou pā kāinga. Engari, koinei te ara i whāia e rātou, he ara whano ki te pakanga atu ki tētehi o ngā tauā nunui o te ao katoa.

Ka hua a Moetū, *ka nui taku aroha ki a koutou. Kua rangatira hoki au i a koutou. E kore rawa koutou e wareware.*

Ko ētehi e tū ana i te turupou, he mea whakamahi te huruwhenua hei whakapiri ki ngā tūnga, te rau harakeke rānei hei pāpuni i te rere o te toto. Ahakoa tō rātou tokoiti, ahakoa kāore i a rātou ngā pū nunui, korekore rawa atu rātou i mate wheke, engari i oke tonu, i whawhai tonu mō te hemo tonu atu.

I ngā wā i taea ai ka mihi tonu, ka awhi tonu rātou i a rātou.

Engari a Te Haa, i te tangi tonu ia ki tana tama i hinga i te mata.

Kua tino tata te awarua o te Pākehā ki te pā.

On the third day, the soldiers shortened the fuses on their hand grenades. Rewi, Te Haa and the council of chiefs knew it was only a matter of time before the pā would fall. The view from the ramparts was hellish: men and women standing in the rifle pits, their faces smeared with pain, sweat and grease, clothes soaked with blood. There was no water left and no respite from the heat.

The shelling continued through the morning. Moetū had long lost his hearing to the repeated thunderous roar. When instructions were given, Te Haa and the other leaders had resorted to pointing and making gestures to get their commands understood.

Moetū should have felt fear or sadness, but all he could feel was love. There were warriors here, but there were also chiefly families. The warriors were not only retainers with allegiance to their chiefs, they were also husbands with wives, fathers with sons and daughters, and brothers following their parents into war. Had they not come to Ōrākau, they would be putting down their implements and making their separate ways home to dinner. Instead, they had chosen this: to stand and fight one of the greatest armies in the world.

You are all very dear to me, Moetū thought. *I am honoured to be among you. I will always remember you, always.*

Some of them were balancing on makeshift crutches; others had used fern fronds as poultices and bandages, or flax blades as a tourniquet to stem the flow of blood. Despite the fact that they were outnumbered and outgunned, here they were, fighting to the very end.

Every now and then they would offer each other signs of love, a caress and a kiss before dying.

And Te Haa was still grieving for his son, Pukenga, felled by a bullet in the battle.

The sap had reached within ten strides of the redoubt.

I taua rangi tonu nāku i whakaatu atu ki a Haimona tētehi kōrero nō te *Hērara o Taranaki* e mea ana nō te poupoutanga o te Rāhoroi, 'i tonoa ai a Mr Mainwaring rāua ko Mr Mair kia tono atu ki ngā Māori kia houhia te rongo. Ka oti tēnei i a rāua, kātahi ka ngū te waha o te pū, ka karangahia ngā Māori kia whakarongo ki ngā kupu a te Tianara. E whakamīharo atu ana ki tō rātou toa . . .'

'Engari ki te whawhai tonu,' ka kōrero a Mair, 'ka mate koutou, ka mate hoki ā koutou wāhine me ā koutou tamariki.'

Hei tā te *Hērara*, 'Ka utua te kōrero e tētehi o ngā rangatira — "E hoa, ko te tikanga tēnei, ka whawhai tonu mātou ki a koe, ake, ake, ake!"'

Ka hāpainga mai taua kupu e te pā katoa: 'Ka whawhai tonu matou, ake, ake, ake.'

E kīia ana nā Rewi Manga Maniapoto tēnei kōrero, engari i hāpaitia ake e ētehi atu rangatira, e Hapurona nō Tūhoe, e Te Paerata me Hauraki Tonganui anō hoki kia tāoro ai ngā kupu nei i te pae o te riri.

Ka whakahokia e Mair, 'He pai tēnā mō ngā tāne, engari tukuna mai ngā wāhine me ngā tamariki ki waho. He aha te pai ina mate rātou?'

He aha te whakautu?

Ka tū mai a Ahumai Te Paerata ka pā tana karanga: 'Ki te mate ngā tāne, me mate anō ngā wāhine me ngā tamariki.'

Kātahi ka puta mai i te pae ngā ope Māori. I te roanga o te whawhaitanga ko tā rātou he kakari kia wāhia te kati a te Pākehā ki te pā. Nō te rongonga atu i te kupu o te pā ka rarī mai rātou me te horu tai. He mea kawe mai e te hau tā rātou haka hei manawa mō te pā. Anana! Rū ana tērā te whenua i te pohūnga waewae.

Earlier in the day, I had shown Simon an old clipping from the *Taranaki Herald* that reported that around noon on Saturday, 'Mr Mainwaring and Mr Mair were instructed to propose to the rebels that they should surrender. This was accordingly done. The firing ceased for a few minutes, and the natives being called to give their attention, were informed that these were the words of the General. He had seen their great bravery and admired it . . .'

'But if you persist in fighting,' Mair told them, 'you will be killed, and your women and children will die with you.'

The *Herald* recorded, 'A chief then answered — "Friends; this is the word of the Maori. We will fight on, for ever, for ever, for ever."'

The words were soon taken up by all the defenders in the pā: 'Ka whawhai tonu matou, ake, ake, ake tonu atu.'

Rewi Manga Maniapoto has been credited with this defiant phrase, but other rangatira — Hapurona of Tūhoe, Te Paerata and Hauraki Tonganui — surely joined in, ensuring that the words would echo, and echo, and echo across the battlefield.

Mair was kind. He continued his kōrero, 'Then send out your women and children, so that they won't die with you.'

What was the reply?

Ahumai Te Paerata appeared at the highest part of the pā: no woman ever looked more proud or Amazonian. Her voice rang out: 'Ki te mate ngā tāne, me mate anō ngā wāhine me ngā tamariki. If our husbands and brothers are to die, of what profit is it to us that we the women and children should live? Let us die with our men.'

From a neighbouring hillside the Māori reinforcements appeared. Throughout the siege they had been gathering, and they never gave up trying to get through the British lines to the pā. When they saw that the people of Ōrākau were not submitting to the British request, they roared with pride. The wind brought their haka of praise to the defenders; the stamping of their feet raised the dust to drift like clouds in the air.

'Puhi kura, puhi kura, puhi kākā!' Kākā rere rā runga, rāpia ki te maikuku, rāpia ki te ngutu rāpia, rāpia.

Kātahi ka nukuhia atu te kaha o te whawhai.

Kātahi ka ngū.

Ka whanga te Pākehā i te karanga.

'Pūhia!'

Hohoro tonu mai te rere o te rākete ki roto i te pā, tau rawa iho mai kua pakū. I ngā parepare o waho tonu i te pā ngā hōia e whanga ana i te karanga.

'Huakina!'

Ka pūhia atu e ngā Māori he kōwhatu ririki. Rere ana te auahi i te pā, kātahi ka ngū.

I te huihui ētehi i muri tonu i te pekerangi, he taiaha, he pātiti i te ringa, e tauwhanga ana kia kōkiri mai ngā hōia.

Heoi anō, kua oti kē i te rūnanga kaumātua te whakatau me wāhi te pā i mua i te whakaekenga mai a te hōia.

2.

Ko te poutūtanga o te 2 o Paengawhāwhā te rā.

E kī ana ētehi i rangona whānuitia te kīrea a te kākā e tāoro ana i runga i te rangi.

Titiro rawa ake ki te kiko o te rangi i reira te kākā tātarariki e topa ana, e reia atu ana e te tupua kurī.

'Puhi kura, puhi kura, puhi kākā! Oh, red plumes of the kākā, we salute you, use claw, use beak, fly strong against your foe even as he brings you down to the dust, fight on.'

The roars of acclamation split the air again and again and again.

Suddenly, there was silence.

The British gunners awaited the order.

'Fire!'

Shells flew through the air, and explosions rent the pā. The soldiers waited within the sap, and around the redoubt, for the order to attack.

'Charge!'

The warriors fired back a spray of small stones. Wisps of gunsmoke drifted across the battlements of the pā, then nothing.

A moment later, a short line of defenders with taiaha and tomahawk came together just inside the palisade, awaiting the final rush of soldiers.

Rewi, Te Haa, Te Paerata and the others of the council of chiefs at Ōrākau, however, had already decided to pre-empt the soldiers' attack. They would leave the pā, but on their own terms.

2.

Mid-afternoon of 2 April.

Some people say that no matter where they were, they heard the loud defiant screech, the harsh *Kā-ā, kā-ā*, repeating across the sky from one end to the other.

They looked up at the clouds in the otherwise bright sky and saw something supernatural: a magnificent multicoloured forest bird, a kākā, winging through the air like a dream. A huge ghostly dog was in pursuit.

Nō te tarapekenga o te kurī ki runga ka ū te manu rā ki tana waha, ngau tonu atu. Ngerengere ana te waha o te kurī e whiuwhiu haere ana i te kākā, ka tau ki te whenua. Kātahi ka huri noa te kurī rā i te manu taotū e ngana ana ki te rapirapi i tana hoariri ki ōna ngutu me ōna maikuku.

Ka paparē te kākā i te ngau a te kurī, ka tangi te ngae *Kā-ā, kā-ā*. Ka kūpapa ki raro ngā iwi i waho o te pā, ka tīmata ki te karakia.

E ai ki ētehi kōrero, i noho tonu ētehi o ngā taotū i te pā hei pūmanawa mō te iwi e mōrehu ai rātou.

Kātahi ka whakarārangitia te matua, ka tū i runga i te kawau mārō – he tū ā-pakanga e rite nei ki te kurutao i whakamahia nuitia e Maniapoto i ngā wā o te pakanga. Ko ngā wāhine me ngā tamariki i meatia ki waenganui, ā, ko ngā toa ki ngā tahataha.

'Me ahu atu ki te awa o Pūniu,' ka mea a Rewi. 'Kia whiti atu tātou, me papahoro atu ki roto i te ngahere. Kia kōkiri tātou, kaua rawa e tū. E ora ai tātou me kōkiri tonu, me kōkiri tonu. Ahu atu ki te aukati, ki te roherohenga o Waikato me Te Rohe Pōtae. Kāore tātou e whāia mai e te Pākehā ki roto. Kia rite! Kōkiri!'

Kātahi rātou ka horo atu i te taha raki-mā-rāwhiti o te pā. Auahi ana te rere o te kawau, ka pā te karanga a ngā toa, 'Nekeneke, kia piri, nekeneke,' kia kore ai e wehewehe noa atu. He mea āta kōrero rātou me pēwhea, ā, nā reira i mauritau ai rātou.

The dog made a giant leap into the sky and, at the extremity of its ascent, caught the parrot in its teeth. Growling, the dog grabbed the pinions of the kaka's left wing, savaging the feathers in its teeth, and the kākā, still raging, crashed to earth. There, in the dust, the dog encircled the wounded bird as it kept flailing at its attacker with beak and claw.

The kākā kept the dog at bay, screaming out *Kā-ā, kā-ā.*

The people fell to the ground, praying for Rewi and the chiefly defenders at Ōrākau.

According to some accounts, the rearguard action involved only a few of the wounded staying in the pā to buy time for the rest to escape.

The main force of survivors formed up in a wedge, the kawau mārō – the flight of the cormorant formation used so effectively on the battlefield by Maniapoto commanders in past campaigns. Women and children were positioned in the middle of the wedge, with the warriors on the flanks providing protection.

'We must aim for the river,' Rewi said, referring to the Pūniu. 'If we get there and make it across, we will be able to escape through the bush. Kua pai? Once we start moving, don't anybody stop. As long as we move, we stay alive. Make for the aukati, the boundary between Waikato and the King Country. Once we are in the Rohe Pōtae, the British troops will not cross over. That is the agreement we have with the Government. Kua reri tātou, are you all ready? Then let us begin.'

They decided to make their exit from the northeast corner of the pā. The kawau mārō moved at a steady pace, the warriors calling, 'Nekeneke, keep together, nekeneke,' ensuring a tight formation. Well briefed on what to do, the people were disciplined, encouraging one another, and there was no panic.

Nō te putanga rawa ki waho ki te pārae i te taha tonga, ka kitea rātou e te Pākehā.

Ka pā te karanga: 'Kua horo! Kua horo!'

Ka rere te winiwini i a Hītiri Te Paerata ka puta tana kōrero. 'Koia, ko te aitanga a Tiki i heke mai i te rangi te haere mai nei.'

Ka whakarērea e te iwi rā tō rātou pā nāna nei rātou i whakaruru. Kīhai noa i taro, ka karapotia katoatia rātou e te hōia, whiua haeretia ana te pū me te taiaha hei para i tō rātou huarahi ki waho. Kātahi ka tapakō, ka tiripou te rere o te kawau, takahia atu ana tēnā me tēnā i tū mai i tōna ara.

Kātahi a Moetū ka huri kōmuri, ka kite i a Hineatūrama, i te patunga o tōna hoa, o Rōpata ka kī atu ia ki a rāua ko Ewa kia oma. Engari i noho tonu i tōna taha, ā, kāore i puta ake.

I taotū a Te Raore rāua ko Tūpōtahi. I hinga ki raro a Niketi Pōneke o Ngāti Maniapoto, ā, kāore i kaha ki te haere tonu, kātahi tōna pāpā ka wehe i te matua ka rere ki a ia. Ka noho ia i te taha o Niketi ka waiata i tana tangi. Kāore ia i aro ake ki ngā hōia eke hōiho e haere mai ana, ka tākiri te hoari ki runga.

Ka pukā te manawa o Te Paerata i te omanga, ā, ka puta tana kōrero. 'Me mate au i konei, i tōku whenua.' Ka patua rāua tahi ko tana tamaiti, ko Hone Teri.

Mau tonu a Ahumai Te Paerata ki tāna kupu, kia mate atu i te marae o te pakanga. I te pākarutanga mai o ngā hōia ki roto i te pā ka pūhia ia, e whā ngā matā i ū ki tana tinana. Te hia ora i te ngau a te matā.

Not until they passed through the low grass and emerged into the open on the south side were they seen.

Then the calls came: 'The rebels are retreating!'

Hītiri Te Paerata felt his courage tested when he saw the soldiers. 'Truly they are the offspring of Tiki,' he whispered, 'the heaven-born sons of giants.'

The defenders fled from the fort that had sustained them. They were soon surrounded by troops and began to swing the butts of their guns like taiaha to clear a path through their attackers. Jabbing, kicking, poking, biting, the kawau mārō picked up speed. Anybody in the way got mowed down.

Moetū saw the chieftainess Hineatūrama who, when the soldiers shot her partner Rōpata, told her daughter, 'Go on, Ewa, go.' But Ewa chose to stay and both women were slain.

Rewi's half-brother Te Raore was severely wounded, and so was his lieutenant, Tūpōtahi. The Maniapoto warrior Niketi Pōneke fell, unable to continue, and his proud father, seeing him falter, broke away from the safety of the kawau mārō to comfort his injured son. Holding Niketi in his arms, he began to sing a poroporoaki in farewell. He was unaware of the speedy approach of the mounted cavalry behind him, sabres drawn.

Exhausted, the old chief Te Paerata refused to run any further. 'Let me die on my own land,' he said. He and his son Hone Teri stood holding each other; both were shot and died during the retreat.

Ahumai Te Paerata, true to her word, wanted to die still defending Ōrākau. When the soldiers entered the pā and found her, she was shot four times and left for dead.

Whakarongo mai, e 'Mona:

Nā Te Haa i kōrero ki a Rewi, kātahi ia ka karanga ki a Moetū, 'E Moe, mā mātou ngā hōia e whakawai. Kāore rātou e hiahia ana ki ngā tamariki. Mā kōrua ko Kara ngā whaea, ā rāua pēpē me ngā tamariki e whakaputa. E oma koutou kia puta rā anō te ihu. Tūruru iho kia piki atu ai mātou ki runga i a koutou, kia wātea te huarahi, e oma!'

Ka tae te matua ki tētehi wāhi torehapehape, ko te pātītī kei ngā turi o te tangata te teitei. E aukati mai ana ngā hōia i te rerenga o te kawau, e kimi ana, e rapu ana me kore e kitea he huringa ake. Kātahi ka riri tūngutu ngā tāne me ngā wāhine ki ngā hōia; i taua wā tonu i ō rātou waewae tonu a Moetū mā e tauawhi ana i ngā tamariki moroiti.

Ngaki tonu ana a Patu ki te āwhina, 'Māku.'

Kātahi ka korikori te kawau, pana whakarunga, whakararo, tute ki tētehi taha, ki tētehi taha ka para haere i tōna huarahi.

Ka pikitia atu ngā tamariki, ka whakarērea iho rātou.

Ka tīmata a Moetū ki te huna i ngā tamariki ki ngā pātītī. Ka whai atu ngā whaea, rātou ko Patu i a ia. Nā te pēnei pea i ora ai rātou.

Kātahi ka wāhi te kawau mārō, ka pakaru, ka papahoro ki te awa, wehe noa atu, wehe noa atu, reia atu ana e ngā hōia. Ka kite a Moetū i tō rātou putanga ki waho. Tērā tētehi hekenga atu ki te uru rākau kāore e kitea ana, ka takaporepore a Moetū ki raro, ā, ka whai haere ngā tamariki i a ia, takaporepore atu ana ki raro.

'Kia tere,' ka karanga a Moetū, 'me rere ki roto i ngā rākau.'

Simon, listen:

It was Moetū's leader Te Haa who spoke urgently to Rewi and then yelled to Moetū, 'Sleeps Standing, the men and women will entice our pursuers to follow us. The soldiers won't be as interested in the younger ones. You and Kararaina must lead the nursing mothers, their babies and the children by a different route, and keep running until you are safely away. Crouch down now, let us pass over you, and await your opportunity.'

The fleeing body of Māori reached a place where the grass was knee-high and the terrain was bumpy. The kawau mārō, its escape cut off by troopers, was whirling around and around, trying to find another way through. The men and women engaged in hand-to-hand combat with the soldiers; meantime, beneath their feet, Kararaina, Ngāpō and Moetū and the two mothers, Tīhei and Erana, lay on the smaller children to protect them.

Patu kept trying to help them, 'I do it.'

Then the kawau mārō made a savage *shake* to left and right, and cleared a passage through: 'Come on, if it's us you want, come and get us.'

It passed over the children, leaving them behind.

Moetū gathered some of the trampled grass and pulled it over the children. The mothers saw what he was doing and did the same, and Patu soon joined in. The attempt at camouflage might give them some precious seconds.

The kawau mārō was breaking up, Māori fleeing separately or in small groups towards the river, pursued by the soldiers. Moetū seized his chance. The land sloped away towards the orchards into a small depression out of sight of the fort, and he started to roll like a barrel down the slope. The children quickly caught on and rolled with him, and not until they reached the bottom did they stand up.

'Quick,' Moetū called to them, 'we should get away through the trees.'

Ka titiro whakamuri, kātahi ia ka rongo i te karanga a tētehi hōia, 'Huakina!' E whāia atu ana ngā toa e ngā hōia ki roto ki te uru rākau. Wakewake ana te haere a ngā hōia eke hōiho, kohiko ana te hoari, kohiko ana te pū.

Kātahi ka kitea ngā tamariki. I te hekenga mai i te hiwi ka whara te pēpē a Tihei, ā, ka rongo ngā hōia i te pēpē e tīwēwē ana. Tokoono ngā hōia eke hōiho i tahuri ki te whai i a rātou, ahakoa tō rātou tamariki. 'Kaua e tukuna kia puta.'

Tē ai he mutunga o tā rātou oma. Mei kore ake ngā rākau i raru ai ngā hōiho. Ka whakatata mai ana ngā hōia, ka oma a Kararaina rātou ko Tihei, ko Erana ki mua, e hiki ana i ngā pēpē me ngā tamariki moroiti, ā, ka whakaara a Moetū rāua ko Ngāpō i ā rāua pū anō nei he matā o roto, me te aha, ka hoki ngā hōia eke hōiho ki muri. Kīhai i roa ka mōhio ngā hōia ki tā rāua nuka, ka tīmata rāua ki te tītaitai whatu pītiti hei whakararu i ngā hōiho.

Nō te taenga o ngā tamariki ki te repo, ka hūpeke rātou ki roto. I mate rātou ki te hanga i tētehi ara ki ngā rākau kia whiti ai rātou i te repo. Nā Tihei rāua ko Erana i tōtō mai ngā poro rākau hei takahi mā ngā tamariki. I te putanga mai o ngā hōia eke hōiho i te whakawhiti ētehi o ngā tamariki i te ara nei, ko ētehi atu i te whanga tonu.

'Tangohia tō tākawe,' ka tīwaha atu a Moetū ki a Ngāpō.

Kātahi rāua ka tāwhiuwhiu i ngā tākawe hei whakaoho i ngā hōiho, ka tānapu ētehi ki runga, makere iho ana ngā hōia.

'Kia tere! Kia tere!' Ka karanga a Tihei ki a Moetū, rātou ko Ngāpō, ko Patu e whai ana i muri, e huhuti ake ana i te ara i haere ai rātou. Ka mahue ngā hōia eke hōiho ki muri, pōwharuwharu ai i te repo. Kotahi e whai ana ki te kukume i te kaketū o tana pū.

Ka whakamau te titiro ki a Moetū.

He looked back only once. He heard a soldier call 'Charge' and saw the Forest Rangers in pursuit of warriors also heading for the orchard. The Rangers were riding at full gallop, sabres drawn, their pistols thundering.

The children were sighted, too. Tihei's baby had been hurt in the roll down the slope and cried out, and this attracted attention. Six horsemen turned in pursuit and, children or not, chased them through the orchard. 'Don't let any get away.'

On and on the children ran. The trees became their friends, hindering the horses. Whenever the soldiers came too close, Kararaina would push ahead with Tihei and Erana, the three of them trying to carry not just the babies but the younger children, too, while Moetū and Ngāpō pretended their guns were loaded, aiming so carefully that the horsemen fell back. And when that ruse wouldn't work anymore, the boys grabbed peach stones from the ground and threw them at the pursuers, trying to make their horses shy.

The children made it to a huge swamp — and went straight into it. Time was lost in constructing a makeshift walkway out of fallen branches so they could negotiate the boggy terrain. Tihei and Erana, who were taller, waded further out and dragged old logs into place, then helped the children balance their way along them. Only half of the escaping band were on the walkway, the rest were still waiting to clamber onto it when the horsemen came charging again.

'Take off your cartridge belt,' Moetū yelled at Ngāpō.

They whirled their belts in the air, startling the horses, several of which reared, unseating their riders.

'Kia tere! Kia tere!' Tihei cried as Moetū, Ngāpō and Patu followed the others, pulling up the walkway behind them. The remaining horsemen were floundering in the bog, cursing. One of them was trying to cock his weapon.

He sighted on Moetū.

Kātahi ka maka atu a Erana i tētehi peka rākau, ka ū ki te kanohi o te Pākehā e kerokero ana i tana pū.

Ka ngoto te pū.

Takahuri ana a Moetū i te rere o te matā tuatahi, ā, titi tonu te tuarua ki tana pokowhiwhi, hinga atu ana ki raro.

'Kāo . . .'

Ka mate a Haimona i te pōuri.

'Kaua e tangi,' ka mea au ki a ia.

Kātahi ka puta mai tētehi o ōna huānga, e katakata ana: 'Haere mai, cuz, kei a koe te kareoke.' Ka tō haere ia i a Haimona ki te atamira.

Ka tau anō te mauri o Haimona. 'I hiahia au ki te waiata i a Waltzing Matilda—' Ka kata te minenga. Ka āhua roa e kimi ana i tētehi atu waiata, nāwai ka kite ia i tāna i hiahia ai: 'Heoi anō, anei taku waiata, hei waiata mā tātou!'

Ehara i te mea he pai ki te waiata . . . me pēwhea e kīia ai he Māori mehemea kāore e mōhio ana ki te waiata? Mā te aha i ngā kupu.

'United we stand, divided we fall.'

Ka titiro au ki taku mokopuna nō tāwāhi o Te Moana-tāpokopoko-a-Tāwhaki: *He tika ngā kupu o tō waiata, e 'Mona, ahakoa te aha, ka tautoko tonu tātou i a tātou.*

In desperation, Erana threw a branch at him: it hit the side of his face just as he was taking aim.

Click.

The force of the bullet spun Moetū around and, when the second bullet slammed into him, he fell to the ground.

'No . . .'

Simon's face is filled with grief.

'Don't cry, boy, don't weep,' I say to him.

And then one of his cousins comes up to Simon, laughing: 'Come on, cuz, it's your turn on the karaoke.' He pulls Simon through the crowd to the stage.

Simon recovers his equanimity. 'I was going to sing you blokes "Waltzing Matilda"—' The crowd laughs, but then they watch as Simon struggles to find something else. It's a long wait, but then his eyes light up and shine bright and full of strength: 'Instead I'll sing this one and I hope you'll join in.'

Well, he's not much of a singer . . . How can he be a Māori when he can't even hold a tune? But, oh, the words to the song are so sweet.

'United we stand, divided we fall.'

And I look at my moko from the other side of the ditch and think: *Yes, Simon, even if our backs should ever be against the wall, we'll be together, to fight on, eh, all of us.*

Te Wāhanga Tuaono

Te Haerenga nui o Moetū

1.

Pāpā Rua, Pāpā Rua . . .

Āe, e 'Mona, e rongo atu nei au i a koe. Kia eke ki te wā, māu tō tamaiti e kōrero atu mō Moetū me te pakanga i Ōrākau.

Nāku a Haimona rāua ko Amber i whakaoho kia kore ai rāua e mahue i tō rāua waka. Tērā te haeata e tākiri mai ana i runga i ngā hiwi, nau mai, e te ao, haere rā, e te pō.

Engari a roto i a au, e pō tonu ana i te mea kua tae ki te wā e hoki ai taku mokopuna nō Ngāti Kangurū, tana wahine me tana puku.

I tīkina atu a Hūhana i te haerenga atu ki te taunga waka rererangi. Te āhua nei i pai ki a ia taku kōrero inapō, e mahana mai ana ia i te ata nei. 'Me mataara au,' ka mea ia. 'Ko koe pea hei piki tūranga mōku.' Ko te āhua nei i kuhuna kaikātia ōna kākahu, e mau tonu ana i ōna hū kaupoai, kātahi rā.

I a mātou e whanga ana ka tae putuputu mai te whānau katoa, e hinamoe ana, e mata kohore ana i te whakangahau i te pō rā. 'Haere mai, awhiwhi mai,' tā rātou ki a Haimona. 'Māu mātou e kōrero kia whānau mai tā tātou punua kangarū, nē?'

Ka kata ia, 'Mō te whakatoi, kāore he painga i a koutou.'

Māngi mai ana i a rātou te haunga o te waipiro. 'Kia tūpato kōrua,' ka mea a Hūhana, 'kei haurangi hoki kōrua.'

Ka whakaaro au, hei āwhea rawa kite anō ai au i taku mokopuna nei i roa e ngaro ana i a mātou?

Chapter Six

Moetū's Great Mission

1.

Eh Papa Rua, eh Papa Rua . . .

Yes, Simon, I hear you. And when the time comes, tell your son the story of Moetū and the people of Ōrākau.

I've had to get Simon and Amber up early so they'll be on time to catch their plane. The sun is just tipping the mountains and then, lo, the dawn. The sea and the land begin to breathe nice and easy.

Not so, me. I am feeling sad that my Ngāti Kangurū moko is hopping away with his girlfriend and that baby in her pouch.

We pick up Hūhana on the way to the airport. She liked the farewell speech I gave last night and looked at me with a more appreciative stance than usual. 'I better look to my own laurels,' she said. 'As a chief you show promise.' This morning she has dressed hastily and is wearing her cowboy boots again, good grief.

While we wait at the terminal, the rest of the whānau begin to turn up, most of them red-eyed and sleepy, hungover from the party last night. 'Big hugs, big hugs,' they say to Simon. 'Let us know when Skippy arrives.'

He laughs, 'You mob are merciless.'

Man oh man, the beer fumes that come off them. 'You and Amber better watch out,' Hūhana says, 'or else you'll be asphyxiated before you get on the plane.'

That's a big word for our kuia to show off with.

As for me, all I can think of is how long will it be before we see this lost mokopuna again?

Kei a Hūhana te kupu whakamutunga. 'Taihoa,' ka mea ia ki a Haimona, 'kāore anō kia mutu te kōrero mō Moetū.'

'Kia tere,' ka mea au ki a ia. 'Ākuanei karangatia ai rāua.'

Ka karukaru mai ia, ka tīmata ia ki te kōrero. 'Kia kite koe i ngā whakaahua o te hunga i mate, o ngā mauhere rānei e kore rawa atu koe e kite i ngā tamariki. I pēnā ai nā te mea nā Mōetū rātou ko Kararaina, ko Ngāpō i whakaputa ō rātou ihu.'

2.

'Moetū,' ka karanga a Kararaina.

E whakatata mai ana te Pākehā. I te kangakanga te hōia i whakararua e Tihei, i te whakakīkī anō ia i tana pū hei pupuhi i a Moetū.

'Āwhinatia mai,' ka inoi a Kararaina ki a Tihei rāua ko Erana. E ora tonu ana a Moetū engari e tūāmoe ana; kua tū i te matā, e rua ngā matā i wero i tōna pokowhiwhi. Kātahi ngā wāhine rā ka hoatu i ā rāua pēpē ki a Areka rāua ko Rāwinia, ka amo haere i a Moetū.

I muri i a rātou a Patu e āwhina ana i a Ngāpō ki te huhuti ake i te ara i haere ai rātou.

'Kia tere! Kia tere!' Ka hāparangi te waha o Kararaina. Kua kī tonu te pū a te Pākehā.

Ka whakaara ake ia i tana pū —

'Ha! Kei whea rā?' Ka karanga ia ki tana hoa.

Kua horo atu ngā tamariki ki tua o te pā harakeke, ki roto ki te repo.

Tau rawa iho te pō, kua tae kē rātou ki tua o te repo, ā, ka oho ake a Moetū.

'Kei te kaha rānei koe ki te whīkoi?' Ka pātai a Kararaina.

Of course Hūhana has to have the last word. 'Hang on a minute,' she says to Simon, 'I haven't finished telling you the story of Moetū.'

'Make it quick,' I tell Hūhana. 'The boarding call will be made soon.'

'When you look at the figures of the dead or captured that the Pākehā released,' Hūhana begins, glaring at me, 'you will not find any mention of the children. That was because Moetū, Kararaina and Ngāpō managed to get them away from the pā.'

2.

'Moetū,' Kararaina screamed.

The horsemen were only ten paces away. The soldier who had been put off his aim by Tihei was cursing her and trying to resight so he could get another shot at Moetū.

'Help me,' Kararaina called to Tihei and Erana. Moetū was unconscious but still breathing; both bullets had gone straight through his left shoulder. The women handed their babies to Areka and Rāwinia, then carried Moetū between them along the makeshift walkway.

Behind them, Patu was helping Ngāpō to pull the walkway up.

'Hurry! Kia tere!' Kararaina yelled at them. The soldier had almost finished reloading.

He lifted his rifle to fire and —

'Where are they?' he roared to his companions.

The children had disappeared behind the flax, further into the dark and murky water.

By nightfall they had made it to the other side of the swamp.

Moetū had regained consciousness. 'Can you walk?' Kararaina asked him.

Ka mea ia. 'Me whīkoi e puta ai tātou i ngā hōia nei.' Nā Tihei rāua ko Erana i tīhae mai ō rāua panekoti hei tāpi i tōna tūnga, engari i te pipī tonu mai te toto. Aua atu, i koke tonu a Moetū. Ka pā tana whakahau. 'Kaua e takamuri, me whakapiri.'

Nō te weheruatanga rā anō i whakatā ai rātou.

'Kāore tētehi i mahue?' Ka whakatika rātou i tō rātou hōpuni. Ka tatau a Moetū i tōna tira: e rua tekau mā waru. Ka ohorere, ka tahuri ki a Kararaina: 'Aī, ko wai e ngaro ana?'

Ka tatau anō . . . 'E toru tekau,' kātahi ka tau tana mauri. 'I wareware ngā pēpē te tatau.'

Tirehe tonu atu a Moetū.

Ka mea a Kararaina. 'Kia nui hoki te toto.'

Kua kore ia e mōhio me aha. Me koke rānei, me noho tonu rānei. 'Ngāpō, me aha tātou?' Ka pātai ia. 'E kore tātou e matara i ngā hōia me e amohia ana a Moetū. Hoatu koutou, mā māua koutou e whai atu.'

I te tukunga iho, ka mea a Ngāpō, 'Me whai tātou i tā Moetū i kī ai, me piri tonu tātou ki a tātou. Me whakatā tātou, e ngehe ana, e hemokai ana tātou katoa, ā, me whāngote a Tihei rāua ko Erana i ngā pēpē. Me kimi piringa mō tātou.'

Nā Ngāpō i hanga ki te rākau me te harakeke tētehi kauamo, ā, nā rātou ko ngā tamatāne a Moetū i amo haere ki runga ake i te maunga. Kīhai i matara ka kite rātou i tētehi tauwharenga hei piringa mō rātou, he wai anō i reira. Nā Ngāpō rāua ko Kararaina i tuku ngā tamariki pakeke ki te kimi kai — he hua rākau, he aka harakeke, he huhu, he aha atu rānei i kitea i rātou. I a rātou e kimi kai ana ka atoa e Ngāpō rātou ko Tihei, ko Erana, ko Patu he pōrukuruku ki te huruwhenua me te akaaka. Nō tō rātou kuhunga ki roto ka tūtakina mai tō rātou piringa.

'I have to. We've got to get away from the soldiers,' he said. Tihei and Erana had cleaned and bandaged his wounds with strips torn from their skirts, but the blood soon seeped through. Regardless, he pushed onward, climbing up through the bush. 'Don't lag behind, keep together,' he commanded.

Not until midnight did he decide they were far enough in front to rest.

'Did we lose anybody?' he asked as they made a makeshift camp. He took a head count: twenty-eight. In a panic, he turned to Kararaina: 'Who's not here?'

Counting again, this time . . . 'Thirty,' he sighed. 'I forgot the babies.'

He blacked out.

'Moetū has lost so much blood,' Kararaina said.

She wasn't sure whether the escaping band should continue onward or rest. 'What shall we do, Ngāpō?' she asked. 'We can't outrun the soldiers while we're carrying Moetū. Maybe I should stay behind with him while you all get away.'

In the end, Ngāpō decided, 'As Moetū said, we should all keep together. We're hungry and tired. Tihei and Erana need to suckle their babies, and we need to rest. We should go to ground.'

Ngāpō fashioned a litter out of branches and flax, and he and the older boys took it in turns to carry Moetū further up the mountain. They found a spot under an overhanging cliff, where water dripped from the ceiling. Ngāpō sent Kararaina and the older children foraging for food — berries, flax root, grubs, anything. While they were gone, Ngāpō, Tihei, Erana and Patu thatched together a wall of ferns and vines. Once they were all safely tucked under the cliff, they closed the ferns around them.

Nō te aonga ake o te rā, ka rongo rātou i ngā waewae o ngā hōia e kōnekeneke ana i kō iti atu. I te whakangote a Tihei rāua ko Erana i ngā pēpē kia kore ai e tangi. E rua ngā rā e noho pēnei ana, e whakarongo ana ki ngā karanga a ngā hōia i waho, i puta noa rātou ki te kimi kai i te ngahere.

Kātahi a Moetū ka oho ake i tana moe. 'E Kara . . . e Patu . . . Ngāpō . . . me whakawhiti tātou i te aukati.'

Ko te raru ināianei i mua i a rātou ngā hōia e haere ana, nō reira i whakaaro ai a Moetū ki te ārahi i ngā tamariki ki te tonga-mā-uru, ka tohipa haere i ngā hōpuni hōia i te pōuri o te pō. Nā ngā tamariki pakeke ngā whaea i āwhina ki te tīkawe haere i ngā pēpē. Nō te taenga rawa ake ki Te Rohe Pōtae i whakaae ai a Moetū kia tū rātou.

3.

'Kātahi a Moetū ka mahara,' ka mea a Hūhana ki a Haimona, 'ki te toimaha o te mahi i utaina ki runga i a ia e te rūnanga kaumātua i te kīnga atu ōna kia waiho mā tōna ngākau ia e tohu.'

Ka kōrero atu au. 'Nā, ko ngā mahi i whai mai i rite tonu ki te pakanga i Ōrākau te nui whakaharahara.'

'Me whakahoki e tātou ngā tamariki nei ki ō rātou kāinga,' ka mea a Moetū ki a Kararaina.

Ka wāhi ruatia e ia ngā tamariki. Mā Kararaina rāua ko Ngāpō ētehi tamariki tekau mā tahi e ārahi whakateraro; i tū mai a Ngāpō ki te tiaki i a Kararaina, engari ehara i te mea me tiaki ia e tētehi. Mā Moetū rātou ko Tihei, ko Erana e ārahi ērā atu mā te ara roa ki te tonga, ko Patu tētehi.

I uaua ki a Moetū te tuku i a Kararaina. 'Ehara i te hanga noa iho ngā āhuatanga kua pā ki a tāua, ka kite anō rānei tāua i a tāua?' ka pātai ia.

The following morning, they heard the soldiers moving behind, around and then above them. Tihei and Erana suckled their babies to keep them from making any noise. For two days they laid low, listening to the repeated calls and sweep of the soldiers, venturing out only to get more food from the bush.

Then Moetū regained consciousness again. 'Kararaina . . . Patu . . . Ngāpō . . . We still have to reach the aukati.'

But now the troops were ahead of them. Moetū decided to take the children southwest, skirting the soldiers' camp in the night. The two mothers and the older children took turns carrying the younger ones on their backs. Not until they had reached the boundary and crossed over into the Rohe Pōtae did Moetū call a halt to their headlong flight.

3.

'And then Moetū realised,' Hūhana tells Simon, 'what a difficult task the council of chiefs had given him when they told him to act on his own initiative.'

'What happened next,' I continue, 'was a narrative just as extraordinary as the battle of Ōrākau itself.'

'We have to get the children back to their various villages,' Moetū said to Kararaina.

He decided to split the children into two groups. Kararaina and Ngāpō would return northward with eleven of the children; Ngāpō had stepped to the front and he would look after Kararaina — not that she needed it. He, Moetū, would take the longer road south with Tihei and Erana and the remaining refugees, including Patu.

Moetū found saying goodbye to Kararaina difficult. 'We have been through so much, will we see each other again?' he asked.

'Wai ka hua, wai ka tohu,' ka utua e Kararaina. 'E tangi tonu ana au i taku tuakana, he pani au nā te mate, nā te whawhai, ā, me whakahoki e au ēnei tamariki kei pani hoki rātou. Ko wai anō e mōhio ka puta he mōrehu ki te ao i te pakanga? Me pēwhea au e whakaaro ai ki ngā rā kei te heke tonu mai, inā hoki kei ngā rā o mua atu aku mahara e pōraruraru tonu ana.'

Ko te kitenga whakamutunga tēnā o Moetū i a Kararaina, e nunumi atu ana rāua ko Ngāpō ki roto i te ngahere.

I takahi a Moetū mā i te huarahi ki te tonga-mā-uru, ki Te Urewera. I āta haere rātou, i te mea, i waho tonu rātou i te taumarumaru o Te Rohe Pōtae. He rerekē hoki te āhua o tō rātou tira haere, kia pātaitia e te tangata ko wai, nō whea hoki rātou, ka whakahokia e Moetū. 'Nō Ōrākau mātou.'

Kīhai i roa, ka horapa te kōrero mō tētehi tamaiti, ko Moetū te ingoa, e whakahoki ana i ngā whaea tokorua me ētehi tamariki ki ō rātou kāinga, ā, he rite tonu te manaakitia o rātou e ngā marae i tae ai rātou. Ehara i te mea i ngāwari tā rātou haere, i te marau haere ngā hōia i ngā kāinga, ā, i mate rātou ki te huna i ngā hōia eke hōiho. I aukatia hoki te haere a te Māori i te pō, ahakoa e haere atu ana ki te tangi, ki whea atu rānei, kāore i whakaaetia kia haere i muri atu i te 6 karaka.

E rua marama i pau ka tutuki te mahi a Moetū, ā, nāna ngā tamariki katoa i āta whakahoki ki ō rātou iwi. He nui ngā mātua kāore i puta mai i te pakanga, ā, i te whakahokinga o ngā tamariki ki ō rātou kāinga, ka pupū ake te aroha, te mamae me te tangi a te ngākau.

'I don't know,' Kararaina answered. 'All I can think of is that my sister is dead, I am an orphan, and these children must be returned or else they will be orphans, too. Who was to know that any of us would survive? Don't ask me to look into the future, Moetū. The past is still with me, and there's the present to take care of.'

The last time Moetū saw Kararaina, she and Ngāpō were hastening their charges through the dappled sunlight of the bush — and then she was gone.

As for Moetū, he and the others pushed southwest to Te Urewera. There, they were no longer under the protection of the Rohe Pōtae, so they had to be careful on the roads. They were an unusual-looking travelling group, and when people enquired who they were and where they had come from, Moetū answered, 'We come from Ōrākau.'

The news soon spread that a boy named Moetū was taking two mothers and a gaggle of children back to their homes — and marae after marae opened their doors to them. Of course, the journey wasn't as easy as that: the soldiers were making constant raids and the travelling pace slowed down whenever they stopped to hide from military horsemen. Movement by groups of Māori was banned, even if the travellers were going to a tangi, and there was a curfew after 6 pm.

Moetū took two months to complete his responsibilities, but, one by one, he delivered every child back to their people. There were many villages where the parents had not survived; the return of an orphan daughter or son to the tribe was an occasion ringing with joy as well as waiata of sadness.

I tētehi kāinga i hoatu e tētehi matua tētehi hōiho ki a Moetū, kua koroheketia. Engari i rawe tonu te kaha o te hōiho rā ki te kawe haere i ngā whaea me ngā tamariki moroitiiti. Nāwai rā, ka rata a Moetū ki te kakī mārō o tana hōiho, ka ngenge ana tōna hōiho ka tanewha noa, i ngā ahiahi ka whati te hōiho rā ki te awa, inu ai, kāore e nuku, ā, ka mate rātou ki te noho.

He tikanga anō tā Moetū mō te āhua ki te whakahoki i ngā pani o Ōrākau. Mau tonu ia ki tāna, he patapatai i ngā tāngata, ahakoa te mōhio o ngā tamariki ki ō rātou whanaunga. Ka noho a Moetū i te taha o ngā kaumātua ka patapatai i a rātou, kāore ia i tuku noa i ngā tamariki. I tohe anō a Moetū mō te āhua o te whakanoho i ngā tamariki i waenganui i ngā whānau, ā, ka tatari ngā tamariki kia mutu āna whiriwhiri.

'E hē, Moetū,' ka utua atu e ngā kaumātua.

I te paunga o te marama tuatahi ka tae a Moetū ki Ruatāhuna, ka whakahokia atu a Tihei rāua ko Erana me ā rāua pēpē ki ō rāua hoa tāne. I pūrere mai rāua i Ōrākau, engari kāore rāua i mōhio kei whea ō rāua hoa wāhine. 'Mōhio tonu māua ka tiakina e koe, e Moe,' ka mihi rāua ki a ia.

Wehe atu ana he tamaiti, wehe atu ana he tamaiti, ka kaha kē atu te auwhi o te ngākau o Moetū, ā, taihoa ake mahue ai rāua ko te kuku o tōna manawa.

Ko Patu hoki te whakamutunga. I eke hōiho rāua ki Te Wairoa. I reira ka tūpono atu ki te matua kēkē o Patu. Kia kaha mai hoki tana pākiki i te tangata rā: 'Māu a Patu e whakatupu hei tamaiti nāu? Kaua e kaha rawa te whakamahia ōna. Kia pakeke ia ka riro i a ia ngā whenua o tōna pāpā?'

At one kāinga, a grateful father gave Moetū an old nag, which proved to have more life left in it than anyone expected: the two mothers took turns riding it with the smaller children clutching on in front and behind them. Moetū grew to admire the horse for its stubbornness, its habit of flopping down on the ground when it was tired, and the way it would head for a river in the late afternoon and refuse to go any further, forcing them to set up camp.

Moetū soon adopted a protocol on those occasions where the parents had been killed at Ōrākau. He was strict: he demanded identification, even if the children recognised aunties, uncles or sisters and brothers. He — a young man, still recovering from his wounds — would sit down with the elders and gravely question them; he wasn't going to let his charges go easily. If there were choices as to which relative they could go to, Moetū was hard with his questions before making the decision, and the children waited patiently while Moetū concluded his kōrero.

'E hē, Moetū,' the elders said admiringly.

At the end of the first month, Moetū reached Ruatāhuna, where Tihei and Erana and their babies were reunited with their husbands. Both men had managed to escape Ōrākau, but had not known where to look for their wives. 'We knew they would be safe with you,' the husbands said.

With each placement, Moetū felt a deep sense of loss. And the most difficult separation was still to come.

Moetū's last child was Patu. They rode the old nag southeast to Wairoa, where he found Patu's uncle. Oh, he really put the uncle through the mill: 'You will bring Patu up as one of your own sons? You will not overwork him? When he grows up he will inherit his father's land?'

Ki konā ia patapatai atu ai, kāore tonu a Moetū i kite i tētehi take e kore ai a Patu e noho ki tōna matua kēkē; kāore hoki he mate o te tangata rā. Ka hongi ia i a Patu. 'Kei te kāinga koe ināianei,' ka hamumu atu ia.

Nō tōna wehenga ka tīmata a Patu ki te tangi, ka whai haere i a Moetū.

'Me noho koe ki konei, e Patu,' ka mea a Moetū.

Kāore a Patu i mārama: 'Engari māku e mahi,' ka karanga atu ia, anō nei kua pakeke.

Pā tonu mai te reo o Patu ki te taringa o Moetū nōna e whakawhiti ana i ngā awaawa mā runga i tana hōiho, 'Māku, māku, māku.'

4.

Ka pā mai te karanga kia ekea te waka rererangi.

'Kua tae ki te wā,' ka mea au ki a Hūhana.

'Kaua e māharahara,' ka kī mai a Hūhana, 'kāore te waka rā e rere kia whakaaetia rawatia e au.'

Ka ahu mai a Moetū ki Tūranga-nui-a-Kiwa.

Kua tae noa mai a Te Haa, tōna teina, a Mihaere me ngā mōrehu o Rongowhakaata. Nō tā rātou kitenga atu i a Moetū e haere mai ana ka pupū ake te aroha, ka tangi te reo pōwhiri.

'Kua oti i a koe tāu nā mahi, e Moe?' Ka pātai a Te Haa. 'I hau mai te rongo mō te tamaiti kawe tamariki, mōhio tonu atu mātou ko koe rā. He tamaiti koe i te haerenga atu, he tāne koe i te hokinga mai. Kua hoki mai koe me tō hōiho kaumātua . . . kua whai tamaiti hoki? Kia tere mai hoki.'

'Kei whakaiti koe i taku hōiho,' ka utua e Moetū, kua pakeke hoki tōna reo, nā reira ka tuku a Te Haa mā i a ia kia kōrero. 'He tika tāu, he tamaiti tāku.'

Try as he might, Moetū could not come up with a reason not to leave Patu with his kin; nor could he find any fault with Patu's uncle. He kissed the boy goodbye. 'You are home now,' he told him.

When he started to leave, Patu set up a huge wailing and ran after him.

'You have to stay here, Patu,' Moetū said.

But Patu could not understand: 'But I do it,' he cried, as if he had proven himself to the older boy.

And when Moetū was riding the old nag along the valleys and across the hills, he could still hear Patu calling, 'I do it, I do it, I do it,' his voice echoing after him.

4.

The boarding call is made.

'Time for Simon and Amber to get on the plane,' I tell Hūhana.

'Don't worry,' Hūhana says in a shrivelling tone, 'the plane won't leave until I tell the pilot he can go.'

Moetū turned north to Gisborne.

Te Haa, his brother Mihaere and the few other surviving Rongowhakaata warriors had long since returned, and when they saw Moetū leading the horse they welcomed him with pride and aroha.

'You've done your job?' Te Haa asked. 'We heard about the boy with all the children, and knew it must be you. We took you to war a lad and look at you now! You come back a man with an old horse . . . and you also come back a father? That was quick work.'

'I will not let you belittle my horse,' Moetū answered, and there was such a maturity about him that Te Haa and the men nodded in acceptance. 'And yes, I do come home with a son.'

I runga i te hōiho a Patu e moe ana. Kāore a Moetū i kaha ki te whakarere atu, nā reira i hoki ia ki te tiki i a ia. 'Māku a Patu e atawhai,' ka mea ia ki te matua kēkē o Patu. 'E tango ana au i te tamaiti nei, hei aha māku tō whakaae, tō whakahē rānei.'

Kite tonu atu te matua kēkē o Patu i te nui o tōna aroha mō te tamaiti rā me tō Patu mōna. 'Ka ora i a koe,' ka utua e ia.

I a rāua e wehe atu ana, ka ngunguru a Patu ki a Moetū: *Kei noho koe ka whakarere i a au ā muri ake nei.*

'Ka hoki anō te iwi ki āna mahi, ā, kāore i ngaro noa i te rokiroki o mahara ngā rā i Ōrākau. Ahakoa te rere o te wā, he hokihoki tonu te mahi a ngā mahara o Moetū ki a Kararaina. Ka taka i tētehi rangi . . .'

E rima marama i muri mai, kei waho, kei ngā māra ngā tāngata o te kāinga e whakatō kānga ana, kātahi ka oho a Moetū: 'Kia hiwa rā!'

Nā Te Haa ia i whakatū hei taituarā mōna, hei tūtei matatauā hoki. Ka tuohu ia ki raro, ka hāpaitia ake tana pū.

Puta ake ana i te tapa o te waerenga tētehi tauā. Nāwai i kitea noatia atu te ngahere, ka kapi te wāhi rā i te tangata.

Ko Tū, ko Rongo rānei te haere mai nei?

Nō te hokinga mai o Te Haa ka kino kē atu te noho i waenganui i te Māori me te Pākehā, i waenganui anō i ngā Māori i kūpapa ki te Kāwanatanga me te Kīngitanga. Kua mutu ngā rā o te houkuratanga. Kāore te iwi i mōhio i taua wā kotahi tau atu anō ka riri rātou ki ngā hōia o te kāwanatanga i Waerenga-a-Hika i te Whiringa-ā-nuku o te tau 1865. Ka aranga i reira te ingoa o Te Kooti Arikirangi.

Asleep on the horse was Patu. Moetū had not been able to keep riding north without the little boy, so he had turned back to get him. 'I will take care of Patu,' he told Patu's uncle. 'I'm going to take him even if you don't want me to.'

The uncle could see the ferocity of the gangling boy's love for Patu and the way that Patu loved the boy back. 'I can see he will be better off with you,' he replied.

As they left, Patu pummelled Moetū angrily: *Don't you leave me again.*

'And so life resumed; Ōrākau seemed like a distant dream. But over the passing months, Moetū kept thinking of Kararaina. Then one day . . .'

Five months later, the kāinga was going about its daily business putting in maize crops when Moetū became suddenly alert: 'Someone's coming!'

Te Haa had elevated him to one of his lieutenants, a trusted sentry and a scout. Now he crouched down, his rifle at the ready.

A travelling war party appeared at the edge of the clearing. One minute there had been an impenetrable wall of bush, next minute they stepped through it.

Did they come in peace?

Since Te Haa's return, the situation in Tūranga had worsened between Māori and Pākehā, and also between Kāwanatanga Māori and Kīngitanga Māori. Neutrality was over everywhere. The tribe was not to know that in just over a year's time they would be fighting against government troops in another siege closer to home: at Waerenga a Hika, in November 1865. From out of that siege would arise another rebel leader, Te Kooti Arikirangi.

Ka whakahiwa a Te Haa i a Rukupō ki te tauā. Kātahi ia ka kite atu ko wai te rangatira o te ope e whakaeke mai ana . . . kātahi rātou ka tū.

Ehara, ko Rewi Manga Maniapoto tonu.

Kua tūrohi, kua pau hoki te hau. I te rerenga i Ōrākau, i papahoro te iwi rā ki roto i te ngahere, ā, i te whāia tonutia rātou e ngā hōia. Ka tū te ringa o Rewi ka karanga ki te iwi, 'E Pō, e te iwi, tēnā koutou.'

Ka tohua e ia tētehi o ngā tamawahine kia puta ki waho. Ehara, ko Kararaina. Ka titiro a Rewi ki te iwi, e kimi ana, e rapu ana. Kātahi ka tohu ōna mata ki a Moetū, ka tungou tana pane, ka hau te reo:

'Tēnei te tuku atu nei i tēnei tamāhine nā mātou ki a koutou hei wahine māna, mā Moetū, hei tohu i tō mātou whakaaro nui ki ngā mahi i riwha i a ia hei hāpai i te iwi. E hoatu nei ia i runga i te ngākau whakaae ōna, o tōna iwi anō hoki e pae nei.'

Ka puta a Moetū ki te tūtaki i a Kararaina . . . engari i mua tonu i a ia a Patu e oma atu ana.

Ka toro atu ōna ringaringa ki te awhi i a ia. 'E Patu, taku kuru pounamu,' pari ā-tai tonu te roimata i ōna kamo. 'Kua kite koe i tō whānau hōu? Kei te kimi au i tōku.'

Ka tū ia, e hiki ana i a Patu. Ka rere te ringa o Moetū ki tana pūkoro, ka kumea mai tētehi rīpene whero i roto. 'Kua tupu mai ō makawe,' ka mea ia.

Nāna i tiki atu te rīpene i te rua i tapahia ai ōna makawe, ā, mau tonu ana tae noa ki tērā wā.

Ka noho a Rewi me tōna iwi, ka whāngaia ki te kai, ka pōkaia hoki he ō mā rātou.

Kātahi ka korikori te ngahere i kō atu.

'Me haere tātou,' ka mea a Rewi.

Te Haa alerted Rukupō to the war party. Then the Rongowhakaata chief recognised the leader of the approaching group as it moved towards them through the furrows . . . and stopped.

Rewi Manga Maniapoto himself.

The great chief looked exhausted. After their escape from Ōrākau, he and his people had taken to the bush and were still on the run from pursuing militia. He raised an arm and called out to everyone, 'Rukupō, e te iwi, greetings.'

He motioned to a young woman among his party to step forward. It was Kararaina. Then Rewi surveyed the crowd for somebody. When his eyes lighted on Moetū, he gave a grunt of recognition, nodded and called out to the elders:

'This girl is a gift from my people to your people . . . for him, Sleeps Standing, for his service to my people. She comes of her own volition, as well as the tribe's.'

Moetū walked up to Kararaina . . . but Patu was ahead of him and beat him to her.

Kararaina crouched down and opened her arms to him. 'Hello, Patu,' she said, her eyes filling with tears. 'You have found a new whānau, eh? I'm looking for one, too.'

She stood up with Patu in her arms. Moetū reached into his shirt pocket and pulled out a red ribbon. 'Your hair has grown,' he said.

He had seen Kararaina let the ribbon fall to the ground in the rua, and had carried it with him ever since.

Rewi and his people stayed long enough to be fed and given water and provisions.

Then, all of a sudden, there was a disturbance in the forest to the north; birds in confusion rose into the air.

'We have to go,' Rewi said.

Ka titiro a Moetū ki a Kararaina. 'Waiho mā māua rātou e nuka,' tana kōrero ki a Rewi, 'mā māua e tahu he ahi i runga ake i te hiwi hei whakakonuka i a rātou.'

Ka mihi a Rewi ki a rāua, ka pakiri mai ōna niho, 'Kia kapi i a kōrua te mata o te whenua.'

Kātahi ka nunumi atu rātou ki roto i te ngahere.

'I moe rāua?' Ka pātai a Haimona.

'Ko wai te tangata e māia ki te whakarere kau i te kōtiro ātaahua?' Ka ui makihoi atu au. 'He nui ā rāua tamariki, katoa he ingoa nō ngā tāngata i hinga i te pakanga i Ōrākau, kia mau tonu ai ngā kōrero mō rātou, arā ko Whetū, ko Ōrākau, ko Rewi, ko Hineatūrama, ko Kākā . . . tokowhitu katoa rātou.'

Ka tāpirihia atu e Hūhana, 'Ā, ko te mātāmua o ngā tamariki, ko Patu,' ka piri mai ia ki a au. 'Nā konā i whakanuia ai a Moetū e tō tātou whānau. He mātua atawhai rāua ko Kararaina nō Patu. Ko te here o te aroha i waenganui i a rātou, kāore i taea te wewete.'

Ka titiro au ki taku tuahine, ki a Hūhana: ka nui te whakamoemiti a taku ngākau kei konei tonu māua.

Kātahi ia ka mea ki a Haimona. 'Nō te kāwai tāua o Patu.'

Ka mimingo ngā pāpāringa o Haimona, kātahi rāua ko Amber ka whati atu ki tō rāua waka e tatari ana i a rāua. Heoi anō, pīoioi atu ana a Amber.

'He mōhio a Rewi —' ka karanga a Hūhana, 'ka ora tonu te iwi i ngā tamariki.'

Ka kōtui mai tōna ringa ki tōku, kātahi ka hamumu tana waha kia rongo ai te katoa e mātakitaki atu ana i te waka e rere atu ana: 'Engari me kaha ake i te māpu e tū atu nei.'

Kua mōhio noa atu ngā huānga o Haimona ki te āhua o tō rātou kuia, ka toe tonu ia. Kua oti i a au te kī, he whānau ngutu atamai anō tēnei: 'Ka nui hoki tō mātou aroha ki a koe, e kui.'

Moetū looked at Kararaina. 'We will create a diversion,' he told Rewi, 'a campfire up on a ridge that will attract your pursuers to us.'

Rewi looked at them both, *thank you*. Then he grinned, 'Make babies, plenty of babies.'

He and his people melted back into the bush.

'They married?' Simon asks.

'Well, would you leave a pretty girl standing alone in the sunlight?' I asked. 'They did make plenty of babies, and they named them after the battle and after people who had been at Ōrākau, so that the memory would live on through their names: Whetū, for instance, Ōrākau, Rewi, Hineatūrama, Kākā . . . seven in all.'

'Their eldest brother was the little boy, Patu,' Hūhana adds, threading an arm through mine. 'And . . . this is why our family honours Moetū. He and Kararaina were loyal and loving whāngai parents to Patu. They shared a bond of deep love that could never be broken.'

I look at Hūhana: at this moment I am so grateful that we have each other.

'Our line,' she tells Simon, 'comes from Patu.'

Simon grins, and then he and Amber go running across the tarmac to the plane. Or rather, he runs; she waddles.

'Rewi knew —' Hūhana calls, 'he knew that in our children is our future.'

She threads an arm in mine and says grumpily out loud, to nobody in particular, as we watch the plane take off: 'But they'll have to be a bit better than this lot.'

Simon's cuzzie bros are on to her, they won't let Hūhana get away with *that*. As I've said before, our family has a quick wit: 'We love you too, Kui.'

Rewi Maniapoto, by an unknown photographer.
Alexander Turnbull Library, P2-2882

Raharuhi Rukupō, Rongowhakaata chief and renowned carver, appears as the
instigator of *Sleeps Standing* but oral conjecture still sometimes circulates around
the question of whether he might actually have been at Ōrākau. Although the name
'Raharuhi' is mentioned in written accounts, the possibility remains a tantalising
mystery. Rukupō is reported to have fought in other battles during the Land Wars
and would have sent warriors to support Rewi. His portrait, carved as a pou under his
supervision in the 1840s, is in New Zealand's oldest surviving wharenui, Te Hau Ki
Tūranga, and is pictured here with one of his descendants, Witi Ihimaera, in 1973.
Tourist and Publicity Department

Lieutenant-General Sir Duncan Alexander Cameron, GCB, who was in
charge of the Waikato campaign and arrived with reinforcements on the
third day of the siege. Photograph taken 9 September 1863.
England and the Maori Wars, *A. J. Harrop, New Zealand Times, Whitcombe & Tombs, 1937*

Lieutenant-General Duncan Alexander Cameron (fifth standing soldier from the right, in front
of the gun carriage) with a group of soldiers of the Colonial Defence Force. Taken 29 April
1864, at sunrise, on the morning of the attack on Gate Pā, just a few weeks after Ōrākau.
Alexander Turnbull Library, PAColl-3396-1

Gustavus von Tempsky in the 1860s. He was captain of the Forest Rangers
and was promoted to major in recognition of his service at Ōrākau.
Museum of New Zealand Te Papa Tongarewa

Brigadier-General Carey, commander at Ōrākau. Photograph by Hartley Webster, c.1860.
Museum of New Zealand Te Papa Tongarewa

A scene from the film *Rewi's Last Stand* showing the Ōrākau warriors
singing their war songs to encourage reinforcements who had arrived
on the edge of the bush but were kept back by British fire.
Sir George Grey Special Collections, Auckland Libraries, AWNS-19250618-41-1

A re-enactment of the battle performed at the Pageant of Empire at
Wembley, London, in 1924, showing the chaos of bombardment.
Sir George Grey Special Collections, Auckland Libraries, AWNS-19240911-53-1

Portrait of Captain William Gilbert Mair, who called out to Rewi to surrender; after Ōrākau he was promoted to lieutenant, and shortly after, major. In later life he became a judge of the Native Land Court.
Alexander Turnbull Library, PA2-1870

The Charge of the New Zealand Cavalry at the Battle of Ōrākau, by Frank P. Maloney.
Alexander Turnbull Library, Publ-0197-3-569

Sketch of Ahumai Te Paerata, who became a leader of the women at Ōrākau Pā.
New Zealand Railways Magazine, *v. 10, issue 1, p. 20*

Actress playing Ahumai Te Paerata in the film *Rewi's Last Stand*,
Photograph by C. Troughton Clark.
Sir George Grey Special Collections, Auckland Libraries, 471-9756

Scene from *Rewi's Last Stand*: Māori defending the pā.
British Films London

Posters for *Rewi's Last Stand*, directed by Rudall Hayward.
Auckland War Memorial Museum, B6144, 1974.103.8

MĀORI EYEWITNESS ACCOUNTS

When all is lost save courage

Witi Ihimaera

I am a fiction writer, not a historian.

However, when I am tackling narratives and characters within the genre of historical fiction, my work is driven of necessity by history. Research is therefore a crucial methodology in my work and, in particular, locating the Māori voice within the historical text. In this respect, Māori historians face huge difficulties, and I take my hat off to them. They work within a context in which the history of events like Ōrākau has already been written.

Primary documents are crucial to my work, and it is hugely fulfilling and humbling to discover accounts written from a Māori perspective by Māori informants, as Hēmi Kelly and I did when putting together *Sleeps Standing*. Therefore I honour the narratives of Rewi Maniapoto, Hītiri Te Paerata, Te Huia Raureti, Paitini Wī Tāpeka and Poupatate Te Huihi. Even though three come in English translation, they offer direct Māori perspectives, views from inside a Māori world on a particular encounter in which the Māori point of view has not always been taken. Compromised though they may be by translation, tribal perspective and other biases, interestingly, the accounts appear to be clear-eyed and do not stint on criticism. In the case of the Hītiri Te Paerata transcript, the translator was Major Mair, who fought for the British at Ōrākau. We must assume that Mair (as well as Wilkinson and Best for Rewi Maniapoto and Paitini, respectively) were fair and honest in their translation, although some bias in their wording will grate with Māori.

Two of the eyewitness accounts are in Māori only. However, they also exist with contemporary English translation in the source publication I extracted them from: *The Battle of Orakau: Maori veterans' accounts: Commemorating the 150th anniversary 1864–2014*, published by the Ōrākau Heritage Society and the Maniapoto Māori Trust Board, 2014. This valuable publication also prints both English and Māori translations of other eyewitness accounts from Te Wairoa Piripi, Peita Kōtuku, Te Pūtene Umanga, Harehare Atarea and Winitana Tūpōtahi.

The two te reo accounts extracted here – from Te Huia Raureti and Poupatate Te Huihi – come from sterling interviews by Te Huia Raureti's son, who typed them up and sent them to James Cowan. I wanted to honour the fact that they were originally in te reo only, present them as they had been written over a century ago and therefore have their voices come to the reader untouched by translation.

James Cowan requires a special acknowledgement. Throughout my research I realised how important he was to Māori of the time. His work as a Māori historian shows amazing breadth and depth and sympathy, and he should be better known.

French theorist Foucault asked fiction writers an interesting question: Does it matter who is speaking?

For Māori fiction writers the question is particularly pertinent, and we have learnt that, yes, it does matter.

All of us living in a country maturing within a Treaty framework should be grateful that a new approach to history is enabling us, through oral witness and recovery of alternative Māori text, to recreate an inclusive picture of our partnership. We must continue to read bifocally *through* the English texts, particularly those that have established the predominant interpretations on Māori life, history and culture, and learn how to decipher the unwritten as well as the written; how to hear the unspoken as well as the spoken.

More important is for all New Zealanders to write our history ourselves. Hēmi Kelly and I hope that *Sleeps Standing* encourages you to write about your tūpuna and thereby offer the narratives of your own whakapapa to the future.

Note: Although macrons have been added to the headings, the text of the eyewitness accounts and any following notes have been reproduced as they originally appeared.

The Siege of Ōrākau Pā
Tuhoe warriors engaged aiding the Waikato's

PAITINI WĪ TĀPEKA
of Ruatahuna

*Elsdon Best published the original transcript of his conversation
with Paitini in* Tuhoe: The Children of the Mist, *1925*

We heard of the fighting in the north, of how the tribes of Waikato were trying to beat back the pakeha soldiers. Then a meeting of the Tuhoe tribe was discussed by all, Piripiri Te Heuheu, one our leading chiefs, and the last survivor of the adepts of the whare maire (school of occult and priestly lore), proposed that the fighting men of Tuhoe should march north. He said 'Listen to my word, O Tuhoe! The island is in anguish. I propose that Tuhoe here assembled to greet the land, that the men be in advance while the land lies behind.'

Hereupon another chief, Te Ahoaho arose and said: 'My idea is this — give heed to it — let Matatua be sheltered. Leave it, secure from harm, in the shed.' Here the speaker spoke of our tribal lands as the ancestral canoe Matatua on which our ancestors came from far land. He objected to going afar off to fight, but wished to see the tribe stay at home to protect their lands only if attacked on them.

The chief Te Whenua-nui agreed to the last plan and remarked: 'I agree that Matatua shall be sheltered, for the fighting is coming near to us.' Thus the bulk of the tribe agreed to remain and guard the tribal lands.

Then Piripi stood up and said: 'I agree to your remaining here but I and my people will march to show my sympathy for the island in trouble.' Hereupon Tuhoe separated into two parties, the majority remaining, the few went forth to fight. After those people had gone then Te Whenua-nui regretted that he had not joined them, even so he also went north, thus abandoning the resolution that Matatua should be sheltered. The reason why he changed his mind and followed the war trail was that he feared that Piripiri would jeer at him and make some taunting remarks such as 'Some stayed at home as women, while others went as men to war.'

The tohunga of our force was Penetiti and his assistant was Tapiki. Penetiti was the human medium of the god Po-tuatini. The tohunga spoke to us, saying: 'When you reach the land of Waikato, should you find those people fighting the white men, do you also fight them, but if peace has been made do not persist in fighting or you will surely fail.'

Then Penetiti gave us some small bottles containing a medicine he had made from various herbs and the bark of trees. He told us that when going into battle, we must drink the mixture in the bottles and then no weapon could harm us, the bullets of the enemy would be turned aside. Friend! When the white men rolled down on us like a flood at Orakau, when we charged out of our fort and through their ranks, then I drank of that priest's medicine. O son! The deceitful tricks of the Maori! For it did not prevent the pakeha bullet from passing through me, nor did it save my father and many others from being slain. Such foolish things did we in the days of darkness!

So we marched northwards under Te Heuheu, Te Waru, Pae-rau and Pareihe. Tama-rau Waiari went with us as also his wife and other women. Hakopa of Ngati-Manunui, and Hamiora Po-takuru of Ngati-Whare, were with our party. A daughter of Te Whenua-nui accompanied her father and was among the slain.

When we were encamped Te Whenua-nui and his party joined

us. There were about 50 fighting men of Tuhoe, of Ngati-Whare there were about 20. Piripiri proposed that a messenger be sent to Rewi Maniapoto (the celebrated fighting chief) asking him to come to our camp and discuss matters. When Rewi arrived, then Tuhoe showed themselves to him, that is to say they performed a war dance. Then Te Whenua-nui rose and said 'Listen, O Rewi! The reason of our sending for you is, that you give us Orakau as a place for us to use our guns and ammunition. They are too heavy to carry all this way for nothing.'

Rewi told Tuhoe that he had had a vision of ill-fortune for Tuhoe if they fought at Orakau. He recited the omens he had seen and told Tuhoe to fight at Maungatautari not at Orakau. Undoubtedly the practiced soldier realised the weakness of the position at Orakau and in the Maori way endeavoured to persuade Tuhoe not to fight there. Tuhoe persisted, and at last Rewi agreed and joined Tuhoe. But very few of his people went with him, and those who did join him did not do much fighting. They remained on that side of the pa where the fighting was not severe.

Even so, when Venus was flashing above the horizon, we marched to Orakau. All that night we toiled at building that fort, men and women working hard. We erected two lines of earthworks. At grey dawn we went and pulled down some fences, using the timber as palisades which we erected before the outer earthwork. There was no entrance way in the outer line of defence, but there were four such in the inner one. A low wall, a platform, was built inside the earthworks, on which we knelt when firing over the defences. We also built a small earthwork defence outside the main one, with which it was connected by means of an excavated way. Four men occupied the small defence throughout the fighting. We took no rest until these works were finished. Our numbers within Orakau amounted to about 400 [editor's note: 300] once told, 200 brace of men.

Now, I have already told you that if the crescent moon encloses a star that is a war sign. The moon represents a fort, the star is a war party attacking that fort. If the star passes behind the moon and reappears it is a sign that the fort will fall. We saw such a sign just before the fight at Orakau, and we thought it a good omen. But we built a fort and so turned the omen against ourselves. The fort did fall, but then it was our own fort.

We did not have the time to finish that fort in a proper manner, and provision it, when the European soldiers surrounded us. We of Tuhoe had no food except pumpkins, which we ate raw as we had no fuel. It was in the morning that we saw the hosts of the white soldiers advancing to attack Orakau. They were very numerous. I then saw what a numberless people are the pakeha. They covered the land.

Then arose Hapurona Kohi, a famed fighting man of Tuhoe. He had a gun in each hand, one a tupara (double barrel shotgun) the other a hakimana (flintlock musket). He said 'O Tuhoe! Be stouthearted in the fray. Let the enemy approach close before you fire on him. When his hand is about to grasp you then let the guns respond.'

But Rewi said, 'Not so. If you allow the soldiers to come up to the defences you will perish. They will not retire. Keep them at a distance. You would kill the first but the others would still come on.'

Hapurona bounded on to the earthworks. The soldiers were now quite close. We were armed with double barrelled fowling pieces and flintlock muskets. Each man had two bandoleer cartridge belts, and some wore three, full of cartridges. Just then Hapurona cried 'Pūhia' (fire) and we fired on the soldiers. Then we heard the cries of the soldier chiefs to their men, and the applauding shouts of our women. Do not say that it is wrong to allow women to accompany a war party, for they encourage us and urge us on in fine style.

About that time Piki mounted the defences and five soldiers

fell to him before he himself was killed. The soldiers were driven back. We fired as fast as we could load. Some men had two guns and a person told off to load them. The cartridge makers worked in an underground chamber. They worked incessantly at making cartridges. When a man's cartridge box was empty he ran to the place to refill it, or the women carried them to us. There were six men who remained in that underground place making cartridges. They were Te Whenua-nui, Rewi Maniapoto, Te Waru, Te Heuheu, Topatopa and Paora.

We fought the soldiers all that day until night fell. Many pakeha fell on that first day. The fighting continued for two days and a night. On the second day a great force of soldiers assaulted Orakau. Hapurona proposed that we should leave the pa and charge the soldiers but Rewi said: 'Do not leave the pa. The soldiers have now sat firmly down. They will not retire. We cannot drive them off, but during the coming night (of the third day) then it will be well to charge out of our fort.' And all the chiefs assented.

We slew many soldiers during those first two days. We had no food for two days and two nights. Fighting was our only food. What helped Tuhoe was the way in which they tightly cinched their cartridge belts so as to compress the stomach. This prevented the feeling of faintness caused by hunger. I tell you that fighting was our food, but we ate some raw pumpkins as a relish for that diet. Some of our young men stole out of the fort and proceeded to where some white pine trees were seen. They climbed up into the tops of those trees to gather the berries, but the soldiers saw them and shot them.

During the second day of the fight was seen a pakeha method of fighting. Bags were filled with earth and then placed to protect the heads of the soldiers. These soldiers had become cautious and kept at a distance while firing at us. They had also separated more than they had on the first day. So the braves of Tuhoe pondered how this new method of fighting might be met. Then Kauae-roa of Tuhoe said that he could accomplish it. The chiefs asked, 'How will it be done by you?' He replied: 'Wait until the dusk of evening comes.'

It was agreed to. In the evening Kauae-roa seized his tomahawk. The soldiers were digging a ditch (sap) near the pa. Some were in front, throwing out the earth. Behind them were soldiers. Now Kauae-roa sprang from his position to the head of the sap. Four yards was the distance that he leaped. With a blow of his tomahawk he killed the foremost man in the ditch, and shouted in triumph. Then were heard the applauding cries of the garrison. When that leading man in the ditch was slain we thought that the rest of the soldiers would retire but they did not.

On the third day the end came. The Europeans assembled their multitude of soldiers, they had dug their ditch round a side of the fort until it was near our defences. It was filled with soldiers, and many more were collected in the hollow from which they had commenced the ditch. Then the bugles sounded and the soldiers assaulted Orakau. The small outer defence was taken by them. Then we left and so fell Orakau.

We were driven away from that fort like a flock of sheep. The soldiers were behind us and on both sides. They shot and stabbed us continually with their bayonets. Friend! We were driven for miles. The only thing that enabled a few to escape was the swamp; that swamp was our salvation. It was the cause of the pursuit lagging.

Thirty of Tuhoe were slain at Orakau, about twenty of us escaped. Of the eight Tuhoe women who were in the pa, three were killed. One of them was the wife of Tamarau Waiari. Tamarau himself had a narrow escape. A bullet struck his patu which was stuck in his belt, and glanced off it. My father was killed at Orakau, but I shot three soldiers to square that account.

When we left the defences we did so in a body, chiefs, fighting men, women and young people. The soldiers almost surrounded us and many of our people were slain, and many wounded. I loaded my gun, a double barrel, while running. An old man of Tuhoe was in front of me. He fell, shot through the hips. As I passed him he said: 'Son, this is the end. Be strenuous to save yourself.' The soldiers were firing into us all the time.

A fence, overgrown with fern, stood in front. As we scrambled over it, we saw more soldiers before us, a long double line of them. We rushed that line. They shot us and stabbed us with bayonets. We strove to break the line. As we reached it a soldier tried to bayonet me. I parried the point and shot that soldier. He fell against the next man who shook him off, as a man from the rear line stepped forward into the vacant space. I shot that man with my second barrel and darted through the line.

I had not run far when I fell, shot through the thigh. I feared that the soldiers would bayonet me, so I crawled away into cover, dragging my gun with me. I lay under cover and reloaded my gun. The soldiers rushed past me in pursuit of others, but the Maori were much more active, especially in the swamp.

I kept under cover until night fell, then I crawled away into the swamp. I had to drag my wounded leg along, it had lost all power. I found some foul water in a hole and drank much of it and as I proceeded I found muddy water in horse tracks and that helped me. We few survivors of Tuhoe met at Aotea-roa. Tapiki cut the bullet out of my leg.

Then I got a stick and walked home to Rua-tahuna. There were many of us wounded. Te Whenua-nui had been shot in the knee. Another was shot in the breast, the bullet passing through his body and coming out near the shoulder. We returned to Rua-tahuna by way of Te Whaiti. We had one horse also badly wounded, with us, and those most severely wounded took it in turns to ride it. That was how we returned home.

We were armed with flintlock guns at Orakau, and our ammunition ran short, so we used peach stones for bullets. It was not until the fighting under Te Kooti occurred that we obtained rifles (percussion locks).

[Paitini Wi Tapeka ends his account with his return to Ruatahuna and waiata. Elsdon Best offers some closing remarks including this paragraph: 'The native loss at Orakau was severe, being about 50 per cent of those engaged, the loss among the Tuhoe portion being 60 per cent killed. Some 1700 troops were engaged in the attack on Orakau a matter of over four to one against the Maori, rifles and Armstrong guns against flint-lock muskets and shot guns.']

Description of the Battle of Ōrākau

REWI MANGA MANIAPOTO

of the

NGĀTI MANIAPOTO TRIBE

*At the battle site of Orakau, 3rd February, 1885 to the then
Hon. Native Minister, Mr J. Ballance. Translated by Mr G. T.
Wilkinson, Government Native Agent, Waikato. Published in the
Otago Daily Times, Issue 8284, 10 September 1888.*

On the 3rd February 1885 the then Hon. Native Minister, Mr
Ballance, accompanied by Rewi Maniapoto, visited Orakau, and
while standing on the site of the fortifications the following account
of what took place within the Maori position was given by the old
chief and taken down verbatim as translated by Mr G. T. Wilkinson,
Government Native Agent, Waikato. It was referred to in a lecture
by Sir Robert Stout on Friday evening, and that gentleman has
kindly placed the manuscript at our disposal:

During the latter end of March 1864 I was living at a settlement
called Waikeria, on the southern side of the Puniu river, not far
from where Mr Tole's place is at Otautahanga. I and my people were
discussing the proposal to go and see Wiremu Tamehana (William
Thompson) at a settlement he was then living at, called Te Tiki-o-te-
Ihingarangi, near Pukekura, and only a short distance from where

now stands the township of Cambridge. The reason I wanted to go there was that I might see Thompson and discuss with him as to how the fighting (campaign) was to be carried on. If he decided that we were to fight (build a pah) at Te Tiki-o-te-Hingarangi, it would be done. If he decided that it should be at Rangiaowhia, it would be agreed to. It rested entirely with him to say where it should be. Ten of us started for Thompson's place. We called at Aratitaha. When we got there we found that 100 of the Urewera tribe were there. Their chiefs were Hapurona, Te Whenuanui, Te Heuheu, and others. Those chiefs proposed that we should build a pah at Orakau. I stood up and said that it would be better for us first to go and see Wiremu Tamehana (William Thompson). They said 'No.' Te Whenuanui then stated that their tohunga, or prophet, had prophesied that the Europeans would be destroyed (beaten), and he repeated a song that had been sung to them by their prophet, the substance of which was that the Europeans would be beaten, and the land go back again to the Maoris. I replied and said, 'I have no faith in what that prophet says; I know that what he says is wrong. If we persist in fighting in this locality (Orakau) my old relatives will be killed, and so will you all.' Te Whenuanui proposed that a collection should be made and given to the prophet as a sacrifice, or in order that his prophecy might come true. I subscribed 10s, as I did not wish them to feel annoyed at my having made light of their prophet; and as they were visitors I did not want to hurt their feelings. Before I gave the 10s I stood up and sang a song, as a reply to the song of their prophet, and when I had finished I threw my 10s subscription down on the ground.

I then returned to my place at Waikeria. I did not go to see William Thompson. That evening I told the people at my place what had been said by the Urewera people and myself at Aratitaha, and said that they were wrong, but had our views been first laid before William Thompson, and had he agreed to them, then it would have been correct. I then told them of a dream I had, I was standing outside the church at Orakau, and was flying a kite. It went upwards strongly and was hidden beyond the clouds. It then sailed downwards as if nothing were guiding it, and when it reached the ground it was all in pieces. Therefore I knew that we should be defeated at Orakau. As soon as I had told my dream, my brother Raureti got angry, and said to me, 'Do you not feel ashamed? If I was in your place—' (By which he meant that I had not taken any part in the fighting at Rangiriri, at Rangiaowhia, or at Hairini.) I replied, saying, 'I am not ashamed, because anger does not come back. (Meaning there is plenty of time: when fighting is once started there is no end to it.) The fighting of the Europeans will not cease quickly.' Thereupon Raureti seized a stick and was rushing forward under the pretence of striking me with it, but a chief named Te Katea seized hold of him. Whereupon I called out, 'It is enough, my brother, I shall now be one who will let the people be killed.' At this time the Urewera and some of the Ngatiraukawa had arrived at Otautahanga, and some of them had got as far as our place.

Next morning we went to Orakau and commenced to build the pah. There were some Europeans garrisoning the redoubt at Kihikihi, some three miles away, at that time, but we did not care about that, as we were building the pah for the purpose of provoking an attack from them. While the building operations were going on, I managed everything and gave all orders. Some of the people were sent to fetch some otaota (fern or leaves) from the spot where the people had been killed at Rangiaowhia. It was a female prophet who suggested that they should be sent for that purpose. It is a Maori custom, and is supposed to propitiate the gods in our favour. They did not get so far as Rangiaowhia. They came across some soldiers in the bush in the vicinity of the Manga-o-hoi stream, and one of them named Te Paehua, belonging to Ngatituwharetoa, was shot; the others returned to Orakau.

I advised that the pah should not be built in the open, but nearer to the bush, as I knew we were going to be defeated. But Hone Teri, of Ngatiraukawa, persisted in having it built on the open ground away from the bush. We worked two days and two nights at it, and on the morning of the third day the Europeans attacked it. We had not quite finished it when the assault took place. We had a post-and-rail fence put up round part of it, but on the side towards Otautahanga neither the parapet nor the fence was finished. When the assault took place some were at work completing the unfinished part. The Europeans were seen some time before they got up. Tupotahi was the first person who saw them coming. He had occasion to go a short distance away from the pah, and he saw them when they were coming from Kihikihi, but he did not mention it then, because when he got back into the pah we were at prayers and he waited until the prayers were finished; then he told us, and said, 'By this time the soldiers have got nearly as far as the church at Orakau.' When we heard what Tupotahi said we all retired behind the parapets. I said, 'Don't fire so long as the Europeans are any distance off, but wait until they get right up to the fence: then fire.' The soldiers came up in four divisions. Three divisions stormed the pah on the western (Kihikihi) side. One division stormed the southern side. There was also a body of soldiers on the eastern (back) side, but they did not storm the pah. They were lying in wait. Their officer was riding a white horse.

It was just about here (where he was standing) where the parapet of the pah was. This (indicating the place) was all full of rifle pits. After the ditches were dug I gave orders for 200 men to lie down outside the parapet, but inside the fence (the fence was about 10 yds outside the parapet), and 40 were to man the ditches behind the parapet. These 40 represented the old people, including myself. There was no person who took upon himself to say a word except myself. When we saw the Europeans advancing on us I gave word for none of my men to move out of their positions, but for all to lie down. I instructed the men that as soon as the Europeans got close up to the fence they were to let drive at them. The instructions to them were that as soon as the Europeans get up to the fence they were to fire one barrel. They were to reserve the other barrel, and then jump up and fire the second barrel standing.

The big gun of the Europeans was in that direction (pointing to the knoll where the block house now stands), and I shouted out to my people, 'I will expose myself to the shot of the big gun.' I then stood up on the parapet and showed defiance to the big gun. I shouted out to the Europeans, 'Direct your shot at me because here I am,' and they let fly the big gun but did not hit me; they fired four times but the result was still the same. I then shouted to my people, 'We are safe, it is a good omen.'

The Europeans now made a second rush up to the redoubt. One European was shot in getting over the fence. One of my people proposed that we should rush out over the fence and cut open that man's body which was lying there and take out his heart in order to strike fear into the heart of the enemy, but I would not agree to it. Then this man said, 'If we don't do it we will be deserted by our Maori gods.' I said, 'I don't care anything about Maori gods. This fighting is being carried on during the time that Christianity is said to be in existence, here.' This old tohunga who was arguing with me said, 'We will come to grief if we don't do this.' I said, 'You yourself will come to grief; but do not lead me into a place where I will get into trouble.' At that time I was a Christian. I was not a minister, but I was a believer. That is why I would not agree to going out and mutilating the body.

The Europeans had fallen back. Some Europeans this time had got round by the peach trees. All that side had been taken up by Europeans, They had surrounded the pah. Things went on that way till evening. When the sun was nearly down one of the Urewera people came up and stood in front of me. I said, 'You go back to your own position; do not come up here.' I took no heed for myself, I exposed myself as much as I liked, I wanted to challenge the big gun. The Europeans then made another rush and at that rush they shot this Urewera man. That was the first man shot in the pah during that day. Then night came on. I got very angry with my people and took them to task because a bag of bullets had been left at Kihikihi and had not been brought over. When they sent a man over to Kihikihi to fetch this bag of bullets he found a sentry walking up and down over the place where it was buried. So I told the people not to fire away the bullets in the night, as they would want them all. They then cut off some branches from the peach trees for bullets to fire away in the night time. I called a boy who had a single-barrel gun and tried these wooden bullets, but they were not heavy enough so we discarded them. Then we tried tea tree chopped up into small pieces, but that was not heavy enough either. We then tried some apple branches and they were solid, and when they were fired went a long distance, and we knew that they would do for night firing; and when it was daylight we loaded with ordinary bullets; as soon as the night came on then we fired nothing but wooden bullets. There was nobody in the pah to say a word but myself, though there were lots of elderly people in the pah. As soon as anybody opened his mouth to say anything I silenced him directly. I said, 'You have nothing to say.' I was afraid that some might want to carry on the fighting by the rules of their ancestors (mutilating the wounded), but I did not want that. I said, 'We are fighting in the time of religion.' On the second evening another man was hit. He stood up on the parapet of the pah to shout out to some Natives who had assembled in the bush, and was shot.

On the third morning the Europeans had got a large ditch (the sap) dug right up to the pah. One of the chiefs of the Urewera, named Hapurona, came to me and said, 'They have got the sap close up.' I said to this man, 'What do you think?' He said, 'I think we had better tell off somebody to have a look.' I said, 'Tell off 25 men — 15 to go into the sap, and 10 to go act as sharpshooters.' These men then rushed into the sap. I do not know how many were killed, but the sap was full of Europeans. There were no Maoris killed in the rush. Two Europeans were killed behind the gabions and two in the sap. When they came back I said, 'Don't be afraid to tell how many of you were killed.' They said, 'None at all.'

It got late on in the day, and the sap had got close up to the parapet. This man of the Urewera came up again and said, 'Now it is a case,' and I said, 'Well, what do you want to do?' 'Well,' this man said, 'they have got so close now that I think we had better rush them again.' I said, 'You pick the men that are suitable for the work; do not take anybody that would be afraid'; and he then went and inquired and called for volunteers. Thirty volunteered. This man came back and said, 'I have got 30 volunteers; they are all ready.' I said, 'Take them, and let 10 fire into the sap and 20 reserve their fire.' All these 30 were armed with double barrel guns, and I ordered them to see the result of the first 10 shots before firing the other 20. The 10 fired, and the report was that a lot of men were wounded in the sap. I do not know, that was what they told me. Then the 10 jumped into the sap, the 20 firing into it to clear the way for them. When they got back I said to Hapurona, 'Do not talk of your bravery, but tell me how many of you got killed.'

He said, 'None at all.' Now it was nearly evening, and I went round the pah to inspect and to make inquiries, and was told that all their bullets were gone. When it was quite dark I said that we had better assemble and talk it over. We had this meeting. I said, 'I think we had better clear out tonight.' Then the elder brother of Hitiri said, 'No, it won't do for us to go.' I said, 'If we don't we will all be killed, we won't get out at all.' Hapurona and the others were there. I said, 'If we go out now we will get clear, if we do not we won't get away at all.' Hone Teri said, 'No, we will destroy the Europeans,' for he had an idea that we would be victorious after all. But I thought it over and said, 'No, we will be killed.' Then Hone Teri made some reply, and I said, 'The whole of you will be killed. If we go tonight a few only will be killed, but if we wait till tomorrow you will all be killed. If we attempt to get away don't let us wait till daylight, so that the Europeans may be confused, and won't know which way we are going out;' and I indicated the direction in which they were to go. All the other side of the bush was full of Maoris. But Hone Teri would not have it. He said, 'How are you going to escape?' I said, 'I shall go in the ordinary way,' meaning that I would take my chance. He said, 'How will you escape from being killed?' I said, 'I shall not be killed.' I then said, 'I will give in to you, if you wish to remain longer we will remain; in the morning let nobody's voice be heard. I will stand on the parapet of the pah for the Europeans to shoot at me. I will take one man with me (I pointed out the man named Ereta), and he can shout out, for he has a loud voice. If I am hit at the first volley of the Europeans it is a case with us all, but you must take revenge for my death. If I am not shot the first time then it is all right; we can clear out. That can be taken as a signal for us to clear out of the pah. All you have to do is to listen to my voice when I get on the parapet.' They all agreed to this. Before daylight in the morning I gave orders for them to prepare food. They made holes in the parapet and cooked some food. They cooked the food, but no man was able to eat more than two mouthfuls; it stuck in his throat. One reason was that they had no water to drink; their throats were parched and they had nothing to wash the food down with. I went round to each man separately, and would say to one, 'How did you get on with your meal?' and he would say, 'The potatoes won't go down my throat.' I said after this, 'All right, we will have to clear out, but we won't clear out in the same way the Waikatos did at Rangiriri (that is as prisoners), but we will make a clear bolt of it.'

As soon as it began to show daylight I took two guns and put on six cartouche boxes, three in front and three behind. I also took two tomahawks, one with a long handle and one with a short handle. Then I sent for Hapurona. I said, 'You remain in this place and gaze carefully at me, and I will take this man and he is to do the shouting for me; but first go and tell the people about this.' I then sat down to wait till Hapurona came back and told me that everything was done as I directed. Meanwhile Hitiri's elder brother came up and sat down in front of me. Then Te Raureti, another man, came up; he was afterwards killed. I was waiting for Hapurona to come back again, so that I could get up on the parapet and shout out. Then Hitiri's brother said to me, 'The reason I come to you is because I think it best that we should collect together all the best men and let them start the rush out.' I did not take any notice of what he was saying. I was waiting for Hapurona to come back. Then Raureti said that this man's proposal was right. I said, 'Did not I tell you all, that nobody was to say a word but myself? Now I will have nothing to do with it,' and I threw down my tomahawks. At that time the firing of the Europeans commenced again, and a woman standing next to me was shot, then a shot from the big gun (? hand grenade) came and three were hit; then two others were shot with the ordinary gun. This man's father (pointing to a man standing near, named Te Puke, who was standing by) rushed out in that direction, and when he got a short distance he was shot by a bullet; another was hit on the parapet as he was getting out. Just then Major Mair came up and he said that we should give in. I said, 'No, I won't; we will all die, but we won't give in.' Then some commenced to go out from this side (pointing it out), and a lot of heavy firing came from the Europeans. Then some hand grenades were thrown in amongst us, and the Europeans rushed us. I then came out at the angle of the pah (Rewi here pointed out the angle of the pah where he went out and the direction in which he ran; he also pointed out the ground that was occupied by the troops). The Europeans had surrounded the whole place. As soon as our people got out by the peach tree one of them was hit. The Europeans then commenced to close in on both sides, but it was the saving of the Maoris, because they could not fire, as there were Europeans on both sides. I called out to my people, 'Haere, haere' (let everyone take care of himself). Raureti was the first to get clear out. He got clear away and dashed in amongst the tea tree.

When I got outside the pah I prayed to God. The words of my prayer were — 'E Ihowa tohungia ahau, kaua e whakaekea tenei hara ki runga i a au' (Oh Lord, save me, and visit not this sin upon me, or blame me not for this sin). Just then I stumbled and fell down, which made me very dark in my heart, as that was an evil omen. I got up and started on again, but had only got a short distance when I stumbled and fell again. When I got up the second time I commenced a Maori incantation as follows: —

Wetea mai te whiwhi
Wetea mai te hara
Wetea mai te tawhito
Wetea kia mataratara
Tawhito te rangi, ta taea

(Praying to his Maori gods to remove from him and forgive all sins or transgressions that he or his male relatives might have been guilty of as against the divinities).

Hereupon I slapped my thighs, and called out, 'Tupe runga, Tupe raro, Tupe haha, kei kona koe tu mai ai, ki konei au rere ake ai, rere huru huru, rere a-newa a-te rangi.' (The expression, 'Tupe runga, tupe raro,' &c. is used when after a battle the defeated are being pursued by their conquerors. A chief will single out one of the enemy for pursuit, and should he not be able to overtake him will call out, 'Tupe runga,' &c, which, if acknowledged by the god of the pursuer, will have the effect of causing the pursued to fall down or stop to be captured. Rewi seems to have used it here with the intention of stopping the pursuit by the Europeans. The translations of the expression, 'Kei kona koe tu mai ai,' &c, is — 'Remain there where you are. I will flee on from here. Flee like a bird, fleeing and rising high up towards the sky.' — G. T. W.)

I then started on again, as my head was light. I had not, however, got clear of the circle that was being made by the soldiers round us. I was then going along open fern ground. Some of my people were ahead of me. I saw some soldiers near. There were three parties of them. I had no guns then — only a short handled tomahawk. I had dropped the guns when I fell down. My younger brother had taken my guns. I turned one side, and they appeared in front of me. I called out to some of my people who were a little ahead of me and who had guns, 'Come here: one of you fire there,' to another,' Fire over there;' to one who was standing close to me I said, 'You fire right in here. 'The soldiers were closing in and surrounding us, but they did not see us. When we were getting over a bank that had been a fence round a potato cultivation, then they saw us. But although they were close they did not hit us, as we were over them, and they had to fire upwards. I was not hit. I said to the man near me, 'Fire down there.' He fired at and shot the European who had fired at me. The Europeans opened out and got down into the gully. My companions kept firing as we went on. They told me that some of the Europeans were shot by the guns of their comrades as they were then on both sides of the rising ground, and were firing across at us as we went along the gully. I then prayed again as follows: 'Matiti, Matata.' That was all my prayer.

(When a Native is in such a strait that he has to cry out, 'Matiti, matata,' I should consider, and he would too, I think, that his case was a desperate one, and that it would require a miracle to save him. Rewi must have been in what is called in sporting phraseology 'a hot

corner' just at that time. The expression is said to have been made use of many generations ago by an old ancestor named Hatupatu (see Sir George Grey's 'Mythology and Traditions of the New Zealanders,' Māori edition), who was being pursued by a female goddess named Kurangaituku for a wrong that he had done her. He was about [to be] caught, when, seeing a large rock ahead of him, he called out in despair to his atua, 'Matiti, matata' (split up, open up), demanding that the rock should open out and receive him. He was evidently in favour with the gods just then, for his prayer was immediately answered, and the rock opened out, took him in, and closed again (that is, the legend says it did). When his pursuer came up she was just too late, as Hatupatu had got safely inside the rock, and the opening by which he went inside was closed up. Rewi must have thought, so far as danger was concerned, his case at that time was a parallel one with that of Hatupatu, and fortunately for him the cry that was efficacious in Hatupatu's case was equally so in his.
— G. T. W.)

We went along through the titree, the soldiers firing at us all the time. We came across an elderly relative of mine named Maupakanga. He had two guns. I took one of them. We proceeded along, and a short distance off Maupakanga was shot by some of the soldiers who were firing at us from the high ground. We continued on, and came across Hone Teri. I said to him, 'Don't run; go easily.' A short distance further on a soldier took aim at Hone Teri, and shot him dead. I went up to him to get his gun (he was shot in the head, and his gun was lying under him). I called out to him saying, 'Farewell to you and your parents. It is well, as it was we who challenged the Europeans to fight, and brought the tribes here.'

I then proceeded on. Some of the pursuing party of Europeans had got as far as Otautahanga (Tole's place), but they could not cross the swamp; but some had come on the other side by way of Ngamoko, and had got on the same side of the swamp as we were.

One soldier took aim at me, but his gun missed fire. I looked round to some Europeans who were on the other side of the swamp, and called to Raureti to fire at them. Raureti and some of the others fired at them, and two were seen to fall from their horses. I turned round in the direction of Ngamoko (swamp) and saw some troopers coming after us. I shouted out to Te Whakatapu and others to shoot at them. They fired, but the horse only of one was hit. The general (? officer) here appeared. He was in pursuit of a Native named Ngata. Te Whakatapu was running along and loading his gun as he went. I called out to him, 'Stand, stand.' He stood and took aim with his gun at the officer. At this the officer got behind his horse to avoid being shot by Te Whakatapu; but Ngata, who he (the officer) had been pursuing, had by this time got into the swamp, and having a good view of the officer, shot him behind his horse. We continued on and had now got clear of (or ahead of) our pursuers. We went on to the Puniu river. In all probability the Europeans might have been delayed shooting those who were behind us. When we got across the Puniu river, we rested ourselves, and collected together the survivors; there were 60 altogether. Some of the soldiers fired at us from long range on this side of the Puniu river (about 800 yds); one of us was hit and killed. It was a chance shot. That is all. We were clear away then.

Veteran of Ōrākau
TE HUIA RAURETI
of the
NGĀTI MANIAPOTO, NGĀTI PARETEKAWA

Raureti Te Huia sat down with his father in 1920 to talk to him about his life. He later typed up what his father told him and sent the notes to James Cowan. A part English translation appears in the Auckland Star, *2 April, 1928. James Cowan papers, Alexander Turnbull Library, Wellington, Refer MS-Papers-0039-11.*

Upoko V: Ko ngā pā i muri o Rangiriri

. . . Ka hinga mātou i konei, kātahi ka horo marara noa atu ... ko mātou i heke ki Kihikihi, ahu atu ki Piraunui, ka whiti i Pūniu awa, ka huri i Pukekawakawa, ka tae ki Tokanui. Nō reira ka kite mātou kua eke te Pākehā ki Kihikihi, kāore i roa kua pawa te ahi, ko Huiterangiora tēnei kua tahuna e te Pākehā ki te ahi.

Heoi, ahu atu mātou ki Otewa. Nō reira ka karangatia ngā iwi katoa kia hui ki Wharepapa, nō reira kātahi ka tūria te runga, ko ngā take tēnei: Me hoki anō ki te pakanga, kāore rānei? Me hanga he pā ki tērā taha o Pūniu, ki tēnei rānei? Heoi, oti ake te whiriwhiri a te rūnanga, arā a ngā iwi katoa, ā, me hoki anō ki te pakanga.

Ko te whakatau mō te wāhi hei tūranga pā, me kati atu i tērā taha o Pūniu awa i te rohe o te pakanga, arā i Waikato. Ka oti tēnei, ko Rangataua tēnei, ka hui ana tēnā pā, ko Orākau. He tika te kino o tēnā wāhi, otirā, heoi anō te take i noho ai te pā nei ki konei nō te mea kua tata te Pākehā, kāore he wā hei hanganga pā ki te wāhi tōtika o te whenua. Tuarua, i reira te wāhi i ngā kai, ā, he papaku ki raro kāore e tere te kitea e te Pākehā. Ko te wai i te taha rāwhiti o te pā, he mātāpuna nei ki reira.

Kāti, nō te ata ka tīmata mātou ki te hanga i tēnā pā, ā ahiahi noa. Mahi tonu i te pō, ā awatea noa. Ko ngā whakanohonga tēnei i ngā iwi ki roto i tēnei pā:

- Tīmata i te hauāuru-mā-tonga, i a Ngāti Te Urewera me Waikato

- Tīmata i te hauāuru-mā-raki, i a Ngāti Maniapoto me Paretekawa

- Tīmata i te tuarā-ki-marangai, i a Ngāti Tūwharetoa me ērā atu hapū maha.

Ko ngā rangatira whakahaere i roto i tēnei pā mō ia iwi, mō ia iwi, mō Te Urewera, mō Waikato, mō Tūwharetoa, mō Paretekawa, mō Maniapoto. Ko ēnei rangatira katoa e mahi ana i raro i te mana o te rangatira kotahi, arā o Rewi Maniapoto.

Upoko VI: Ko te kitenga o te pā e te Pākehā

I te ata o te rā tuarua, ka kitea tō mātou pā e te Pākehā, ā, ka kite hoki tō mātou tangata whakaaraara i te pā, e ahu mai ana te Pākehā, me te mahi tonu ngā tāngata keri i te pā, ā, tēnei hoki te tangata whakaaraara o te pā te mahi nei, ko Āporo te ingoa, ana karanga ēnei:

He pūkeko kei te kawakawa
Kei te tumutumu te mea e tata ana.

Nō te mea ka whakaeke tonu mai te Pākehā, kātahi ka pūhia e mātou ka huri ki te takiwā ki Karapōnia. Nō reira, kātahi te Pākehā ka pupuhi mai ki a mātou kāore rawa i roa kua pakū mai te pū i tēnā wāhi, i tēnā wāhi o waho, kātahi hoki mātou te pā katoa ka pupuhi katoa, kātahi te Pākehā ka whakaeke i te taha ki te kēti o te pā, ka hinga ko Āporo. Kāti, kāore te pā i taea. I te tuawhā o ngā whakaeke a te Pākehā ka hinga ko te tamaiti a Raharuhi. Kāti, kāore tō mātou pā i taea e te Pākehā. Ka pō tēnei rangi i te pō nei, ka kite mātou i te ahi e kā ana mai i tērā taha o Mangaohoi, i uta tata atu o Waha-oneone (he pā tuna tēnei).

Ko taua ahi nā Ngāti Hauā, me te nuinga atu o ngā iwi i pakaru ki Maungatautari, ki Pātetere, ki Arohena, ki Wharepūhunga. Kāti, kāore i taea e rātou te whakauru mai i te mea kua karapotia te pā e te Pākehā. Ao ake i te rā tuarua o te whawhaitanga he kohu, kapi tonu te pā i te kohu. Ā, i te mea kua kite a Te Winitana Tūpōtahi kua kore he paura, kua kore he matā, kua kore hoki he wai, kua kai mata ngā iwi i te kamokamo, i te kūmara, kātahi a ia ka inoi ki te rūnanga kaumātua kia wāhia te pā, kia ora ai ngā iwi. Kāti, i whiriwhiri te rūnanga i taua take, kāti kāore i taea te kī me wāhi te pā. Anei hoki te kupu a Manga:

'Whakarongo mai te rūnanga me ngā iwi. Ko te whawhai tēnei i whāia mai ai e tātou, ā, i oma hoki hei aha? Ki tōku mahara hoki, me matemate tātou ki te pakanga.'

Nō te mea ka tūroa te rā, ka unuhia te kohu i runga i te pā, hoi ko te tīmatanga anō o te riri. Ka poutūmārō te rā, ka kōkiri te pā, he matara ki waho, kōkiri katoa ngā taha e whā o te pā. Kāti, ko mātou nei i kōkiri ki te taha rāwhiti e kikone kikoo pea te matara (about

200 YD). Nō te mea ka poutūmārō te rā o te rā tuarua e whawhai ana kua māriri te haere o te matā i te mea kua pau ngā paura me ngā matā. Ko te toenga ki ētehi he rua kariri, he kotahi ki ētehi, kāore kau ana ā ētehi. Heoi, ka tīmata i konei te āhua mate.

Kāti, i te mea ka tauhinga atu te rā ka tū mai te Pākehā (kua māriri hoki te pakū o te pū). Ana kupu ēnei, 'Whauwhia ki te rongo kia ora ai ngā koroheke, ngā wāhine me ngā tamariki.'

Ka whakautua e Raureti taua kupu, 'E pai ana, engari me hoki koutou, me hoki mātou.'

Ka tuaruatia anō te kupu a te Pākehā nei, 'E hoa mā, puta mai ki a mātou kia ora ai koutou.'

Kātahi a Rewi Maniapoto ka peke ki waho o te pā ka mea a ia, 'Kāore e mau te rongo, ake, ake, ake.'

Ko te rākau i a Manga i taua wā nei ko Pakapaka-taioreore, he taiaha, me te patu parāoa i tana hope e titi ana, nō tēnei wā kātahi ka utua e te Pākehā, 'E tika ana tēnā mō koutou, mō ngā tāne engari ngā wāhine me ngā tamariki, tukuna mai ēnā ki waho o te pā.'

Ka whakautu e te pā katoa, 'Kāore e mau te rongo, ake, ake, ake.'

Nō tēnei wā tonu ka pakū te pū a taku hoa, a Wereta, kukume rawa mai ahau i a ia, kua pakū te pū. Heoi, ko te tīmatatanga tēnei o te pakū o te pū, kāore i roa rawa ka tīmata te rere a te rākete ki roto i tō mātou pā. Nā te rākete kātahi mātou ka mate, arā i te rukenga tuatahi mai i ngā rākete he roroa ngā wiki ka tau mai ki a mātou, ka whakahokia atu anō ki te Pākehā. Nō te roanga kātahi ka popoto ngā wiki, tau kau mai kua pakū, pēnei tonu te mahi. Nō te mea ka pēnā, kātahi mātou ka mate, he tino nui mātou i mate.

Upoko VII: Ko te horonga o te pā

Nō te mea kua nuku atu i te 100 o mātou kua mate i te mahi a te rākete, nō reira ka takoto te mahara i ngā kaumātua kia wāhia te pā tuarua. Ka nui hoki te kaha mai o te pū repo e pakū mai ana i

Karapōnia, engari ko ngā matā e tau atu ana ki Mangaohoi, kātahi anō te matā i pā ki te taha tonga o te pā. I runga i te otinga o te whakaaro o te iwi katoa kātahi ka wāhia te pā. I horo atu i te taha tonga-rāwhiti, ka heke ki te taha rāwhiti o Karapōnia. He taiepa titi nei i konā, i reira te kati a te Pākehā, ko Pūhipi tonu i mua. Nō konā ka mate a Pūhipi, ka horo mai a mua ki muri. Kātahi a Paiaka rāua ko Te Makaka, ka peke ki te wāhi i te kati a te Pākehā, ka pakaru, ka puta mātou ki roto i te repo wehe noa atu, wehe noa atu. Kāti ko mātou nei i wehe noa ake, ko taku tuakana, wehe noa atu a Te Kohika, ā, i tū a ia ki konā, kāore i mate i ora a ia.

Kāti, i te mea ka tae mātou ki tētehi wāhi, he manga ngārara, he Pākehā ki reira, he kati anō tērā nā te pākehā. Nā Paiaka anō tēnā kati i wāhi, ka pākuru te Pākehā ka puta mātou. I tata a Ngātata te mate ki konā, e tapahi ana ki te hoari. Nā Raureti i whakaara atu i tana pū kāore kau he paura o roto, ka wehi te Pākehā, ko te huringa, kāore tō mātou hoa. Heoi, ko tō mātou hekenga ki roto o Pūniu awa ka whiti, ka haere i roto o Moerika repo, tae noa mātou ki Tokanui, ā, i Hokokura te nuinga e noho ana, tae tonu mātou ki reira, ao ake ka haere mātou ki Ohinekura. Ko ētehi o ngā rerenga o Orākau i heke ki Kōrakonui, ki Wharepapa, ki te whiti ki Kauaeroa, ki Hangatiki.

Heoi, ko te mutunga tēnei o te whawhai ki ēnei takiwā, ā, ko te whawhai mutunga hoki tēnei ki mua i tōku aroaro. Ka kite ahau koinei tētehi mahi kino mō te tangata, kāti kāore e taea te āta tataku ake ngā āhuatanga o tēnā mahi.

Description of the Battle of Ōrākau

HĪTIRI TE PAERATA

of the

NGĀTI RAUKAWA TRIBE

At the Parliamentary Buildings, 4th August, 1888.
Interpreter — Capt. Gilbert Mair, Wellington
By Authority: G. Didsbury, Government Printer, 1888

I feel somewhat confused and embarrassed having to meet all these members of Parliament and ladies, more especially as we were defeated at the fight you now ask me to give you an account of, but, if it please you, I will endeavour to do so.

I will first explain the causes which led to the King movement, and the subsequent fighting which culminated at Orakau. For some years previously the Maori people had been getting more and more dissatisfied at the manner in which their ancestral lands, their one great possession, had been passing away, partly on account of the Government land purchases — the purchasing of the land for fishhooks, tobacco, and hatchets, then the chiefs were angry because their mana was not sufficiently recognised, also, the selling by chiefs of the land belonging to the people. The Maoris were determined, on the advice of Tamihana Tarapipi, to set up a head whose mana was to overshadow the land and protect it. Te Wherowhero Potatau was accordingly made King, and many tribes gave the keeping of their bodies and their lands into his hands. As you all know, this led to fighting, first at Taranaki, then in Waikato, the East Coast and other places.

After many fights, in which the Europeans were generally successful — for they had numbers and other advantages on their side, whereas the Maoris are a foolish people — we assembled in the vicinity of Orakau. My own tribe was commanded by my father, Te Paerata, my brother, Hone Teri te Paerata, and my uncle, Rawiri te Hirawea. The Urewera contingent was headed by Te Whenuanui and Hapurona Kohi, the East Coast Natives were led by Te Waru, Tamatea and Raharuhi, and the Ngatimaniapoto by Rewi Manga Maniapoto.

The old men had selected a site for a pa in a very strong position — a tongue of land on Mr. Cowan's farm, running into deep swamp. Our first intention was to remain concealed till our defences were completed, but some of the hot-headed young men stayed away against orders, and some were killed at Rangiaohia and at another place. Our hearts were very dark on account of those young men being killed, and the old men were angry. It was my old father, Te Paerata, who said, 'Me mate au kikonei [Let us make the pa here, let me die here on the land].'

It was owing to the disobedience of others, and the dissensions amongst us, that this place was selected, for it was not a suitable place at all. However, we commenced to build our pa at Orakau, but some European troopers saw us, and gave the alarm. The General at once made preparations for attacking, and after marching all night, took up a position about a mile from where we were at work, to wait for the main body to come up. Just as morning broke the troops were all collected, and advanced to surround our position, which was a sort of oblong redoubt, built of sods. It was about a chain and a half long and a chain wide, and was built in a peach-grove. There was a sort of outwork or flanking angle at one end. We had worked all night, but the pa was not completed when the troops attacked us. They attempted to take the pa by a rush; but my father had placed the men, some in the ditch and others leaning over the earthworks, so when the attacking party got within a short distance we fired tremendous volleys, which made them fall back, leaving their dead and wounded. They then attacked on another side, and were again repulsed. My father and other brave men urged that we should take advantage of the confusion the Europeans were in and attack them.

It is an old saying of our fighting men, 'Taka mua, taka muri [Quick to strike and quick to retire].' Rewi would not consent, and the supreme lucky moment was lost. The Europeans again attacked, and were repulsed for the third time. They then appeared to lose all hope of taking the place by assault, and determined to take it by first surrounding us and then sapping up to the pa. Our retreat was now quite cut off. We had no water nor anything to eat except potatoes, which we ate raw to quench our thirst, which was very severe.

For three days and three nights we were in this state, during which time a storm of shot was poured into our fort, but we returned the fire, and dug holes to shelter the women, and did all we could to strengthen our defences. By this time the sap had approached to within half a chain of our works, but we kept up such a hot fire that many of the men digging it were killed or wounded.

Up to this time our losses had been very small, and were sustained by the recital of the brave deeds of our ancestors, whose motto was, 'Me mate te tangata, me mate mo te whenua [The warrior's death is to die for the land].' We felt no fear, for our hearts were filled with fury. Our ammunition now began to fail, we had no bullets, so we fired peach-stones and plugs of wood as a substitute. Our sufferings became very great from hunger and thirst.

About mid-day on the third day the sap was quite close to our pa, and the troops lighted small shells [hand grenades], and threw them into our midst. Some burst, killing and wounding those near; others we picked up and threw back, bursting in the sap. The General decided to send a summons calling upon us to surrender. Major Mair was sent by the General to bring us this message. He came up to within a few yards of where we were, our men all aiming at him with their guns, and said, 'Let the fighting cease, because you are surrounded. Your position is hopeless. If you persist in fighting you will all be killed, and your women and children will die with you.' This word was sent round, and all the chiefs and people within the pa took counsel on the General's message. The Urewera proposed that we should hoist a white flag, and when all the troops came up close to our fort and demanded our arms to pour a tremendous volley in and then charge through. We would not agree to such treachery, because this was not after the manner of chiefs. What we proposed was that the troops should go away with all their dead and wounded, and that we also would go away with ours.

These negotiations lasted about half an hour before our ultimatum had been decided upon. Then the General again sent Major Mair, who said, 'Let the women and children be sent out, we will protect them, so that they may not die.' Then up rose my sister Ahumai, amongst the women, and said, 'If our husbands and brothers are to die of what profit is it to us that we should live? Let us die with the men.' Seeing that the women were all of one mind, then Hapurona, Rewi and my father said, 'Ake, ake, ake, [We will fight on for ever].' The people repeated these words with a great shout, and one of my people named Wereta fired at Major Mair, hitting him on the top of the right shoulder. Of course, this treacherous work broke off the negotiations, and firing commenced on both sides more furiously than ever, only we had no bullets. A big gun was then put in the sap, which broke down our pa and made a breach through which the troops tried to enter, but we drove them back, killing their leader, Captain Hereford.

Our position became so desperate that we determined to try and break through; so we put our last bullets in our guns, and, forming up in a solid body with the women in our midst, we made one rush, breaking down the pa, and marched out, firing from both flanks at the besiegers, who closed in round our rear and tried to cut off our retreat. We burst out on the southward side and marched down the hill, breaking through and killing a lot of the soldiers who tried to stop us. As we were leaving the pa I saw one of our men crouching down, holding his guns as if to fire at the enemy. I found that he was quite dead, so I took the gun, feeling that if I had that I would be a match for any man who tried to stop me. I also bethought me of some blankets wherewith to keep myself warm at night, so I ran back and picked up a bundle. No stragglers were left behind, and the fight became desperate and hand to hand.

I had a presentiment that I would escape, but when I looked back and considered the odds we had to fight against, and saw the Europeans marching after us in their majesty and might, then I said to my companions, 'Oh, foolish people to dare to strive against the white man, the offspring of "Tiki" the heaven-born sons of giants.' As we fled before them they tried, by outmarching on our flanks, to cut off our retreat, and poured a storm of bullets which seemed to encircle us like hail. It became a forlorn hope with us, none expected to escape, nor did we desire to; were we not all the children of one parent? therefore we wished to die together. My father and many of my people died in breaking away from the pa. When we cut through the troops further on my brother Hone Teri, who was with Rewi, died in endeavouring to shield him. The whole of my tribe were slain; my father, brothers, and uncle all died. My sister Ahumai, she who said the men and women would all die together, was wounded in four places. She was shot in the right side, the bullet going through her body and coming out on the left, she was shot right through the shoulder, the bullet coming out at her back; she was also shot through the waist; and her left thumb was shot away. Yet she is still alive, and resides at Taupo. We bore away many of our wounded.

Not half of the defenders of the Orakau Pa escaped. I saw as we got away from the Puniu River a young man of the Ngatimaniapoto Tribe leading off two old men, one of whom was badly wounded. He was hard pressed by the troops, and kept kneeling and pointing his gun at the pursuers, but it was not loaded, and eventually he was shot; also one of the old men, the other escaped into the woods.

None of the men in the pa showed any fear. All were equally brave, but the most intrepid in fight and sagacious in council were Hapurona, Raureti te Huia, Rewi's brother, and my brother, Honi Teri te Paerata.

It was from the small, flanking angle that Wereta fired at and nearly shot Major Mair.

We afterwards heard that when the pa was carried Major Mair went in with the stormers to look after the wounded. He found some soldiers trying to kill a wounded woman named Hineiturama, belonging to Rotorua. They did not know, perhaps, that she was a woman, but they were enraged at the death of their officer, Captain Ring. Major Mair carried the woman to a corner of the pa, and ran off to save another woman called Ariana, who was also badly wounded, but when he returned Hineiturama had been killed. I mention this to show that some of the Europeans were kind to us. It is on this account that the Waikato and Taupo Natives have an affection for Major Mair.

Before Orakau I took part in the fights at Rangiaohia and Paterangi. The fight in the bathing-place at Waiari was caused through the jealousy between the Ngatimaniapoto and Ngatiraukawa. The Ngatiraukawa had been successful in a fight some time previously, and this made the Ngatimaniapoto anxious to eclipse them; hence their attack on the bathing-party, where they lost thirty-five killed. The Maoris had collected large quantities of ammunition years previously, not with the intention of fighting against the Europeans, but to protect our own land in case we were attacked by other tribes, as there had been a number of fights between other tribes over the land not long before.

My own tribe, the Ngatiraukawa, and the Ngatimaniapoto would have been very sorrowful indeed if the Government had given the site of Orakau, with all our dead, to Te Kooti. We were very thankful that Mr. Bryce prevented this being done.

When we were hemmed in at Orakau some of the wounded were crying for water, and I ran to the swamp with a calabash to get some. I passed right through the soldiers. Perhaps they knew what I wanted the water for, for they did not fire at me.

In answer to a question as to his age, Paerata spoke of a fight near Otaki, at Horowhenua, in 1830, and said he was born some time after that. He added, 'I am about sixty-six, I think, but I fully intend to live another sixty-six years.'

During the fight at Orakau a son of Raharuhi showed great courage; but after shooting one of the soldiers he became so elated that he jumped on the bank, and was shot through the heart. Another man called Aporo, kept standing up on the parapet, every now and then calling out, 'The sky is clear towards the east, but dark on the west and south.' He wished to convey to those Natives outside that the side towards the east was not so well protected by the Europeans, and encouraging the Natives to try and make a diversion in our favour on that side.

Te Heuheu, Te Huiatahi, and a small party came as near to us as they could, but were fired at by the big guns. They sat on the hill and wept their farewell, for they thought that we would none of us escape. Te Heuheu, with a few followers, tried to come to our assistance, but were kept back by the others, who said it was useless to go to certain death.

Last of the Ōrākau

POUPATATE TE HUIHI
of the
NGĀTI MANIAPOTO, NGĀTI UNU

Collected by Raureti Te Huia in 1920, Te Huihi's account was sent to James Cowan. Te Huihi also spoke to G. E. Elliot who, shortly after Te Huihi's death, published a story on the old man in the Auckland Star, *8 August 1931 under the heading 'Last of the Orakaus'. James Cowan papers, Alexander Turnbull Library, MS-Papers-0039-11*

Te Pakanga ki Orākau

Nō te mea e noho huihui ana mātou i Ohinekura, ka tū mai a Te Waro ka mea ia, 'Whakarongo mai te iwi, ko tōku hiahia kia hangaia he pā mō tātou ki Parāoanui, kāore hoki he pai o te noho noa iho, kāore he pā.' Nā Manga i mea ki Orākau he pā, ki te wāhi matara i ngā Pākehā, ki te wāhi anō hoki i ngā kai. Ka tū mai a Raureti, a Paiaka, otirā ngā iwi katoa ka tautoko i te kōrero a Manga ki Orākau he pā.

Nō te otinga o tēnei take, kātahi ahau (Poupatate) ka tukuna ki Wharepūhunga ki te whakatū i ngā iwi o reira, kua oti te kupu me hui mai ki Hokokura, ā, kua oti te kupu ki Orākau he pā. Nō Kauaeroa ka ngenge ahau ka noho ahau i reira, kātahi ka tukuna atu ko Pehimana o Ngāti Tākitai hei kawe i taua kōrero ki a Tūwharetoa, Raukawa, Te Urewera, me ērā atu hapū i ērā takiwā. Nā tēnei karanga ka hui ētehi ki Hokohura, ko ētahi i haere tonu ake ki Orākau.

Kāti ko ngā tāngata i hui mai nei ki Hokokura i whiriwhiri anō i tētehi pā hou, heoi kāore i oti tēnā take, ko te haerenga tēnei o ngā iwi katoa ki Orākau kē. Nō te mea ka tae mātou ki Rangataua ka meatia ko Karapōnia te wāhi pai. Nā te kore wai ka hē, kātahi ka meatia ki Karapōnia tonu he pā, oti ake ki reira, arā Orākau. Kei reira te wai me ngā kai, nō aku hungawai tēnā kāinga.

Anō, ka oti te kōrero, kātahi mātou ka tīmata ki te keri i ngā parepare o te pā, a roto, a waho. Ko te pekerangi kei te kaki o te tangata te teitei, ko waho he mea taiepa, e toru ngā rera mō te hōiho tēnā kei te uru mai. Nō te rua o mātou pō e mahi ana i te pā i te ata tonu o tētehi rangi ka kitea tō mātou pā e te Pākehā, anō ka karanga a Āporo, 'Ko te whakaariki, ko te whakaariki.' Kua peke tēnā, tēnā ki tāna pū, ki tāna pū, kua takoto. Kāore i roa kua karanga, 'Kei te tonga.' Ka tata, ka karanga anō a Aporo, 'He kāore whenua.' Nō konei ka kite mātou kātahi a Manga ka karanga, 'Pūhia e te parepare o waho!' Kātahi ka pūhia e waho, pūhia e roto (E tama, me te mea he repo harakeke e kainga ana e te ahi te haere o te matā).

Nō konei ka tangi anō te piukara tuatoru, ka mutu te whakaoke a te Pākehā kātahi ka pakū mai te pū repo i Karapōnia, ā, toru ngā ngakū, kāti kāore he pā i whara i ngā matā. I ngā whakaeke nei ka hinga tētehi Pākehā ki waho tonu atu i tō mātou pā, ka mea e Te Waro ki ngā tamariki, kia tōia mai, kia tangohia te manawa, kia kohuna mā Uenuku (te atua o te whawhai). Kāore a Rewi Maniapoto me ētehi o ngā rangatira i whakaae ki taua tikanga. Anō, ka pō, i te ata, kapi tonu te whenua katoa i te kohu. Nō tēnei rangi ka mate a Āporo i tū i te matā, i te matenga o tēnā ka riro ko Raureti ki tēnā tūranga.

Kāti, tīmata mai i te pō tae noa mai ki te ata nei, e whakahaere ana tētehi take kia wāhia te pā, ko taua take nā Tūpōtahi, ā, ka tae taua take ki a Rewi Maniapoto, kātahi a ia ka mea, 'Kei a Raureti te kōrero.' Nō te taenga o Tūpōtahi ki a Raureti kāore tērā i whakaae kia wāhi te pā, ka riri mātou ki a Raureti mō te korenga i whakaae ki tā Tūpōtahi. Ao ake tētahi rangi kātahi ngā koroheke katoa ka kikiri i mate a Te Waro, a Pōtene ki konā.

Nō te mea ka tauhinga te rā, ka tū mai tētehi Pākehā ka mea mai ki a mātou, 'Kaua ahau e pūhia, he kupu tāku nā te tianara (mau te rongo).' Ka utua e Tūmanako Karamoa, 'Ka houhia e au te rongo.' Ka mea a Manga, 'Waiho kia puta ahau ki waho, ka hohou i te rongo.' Nō konei ka pakū te pū ki te Pākehā, arā ko te tīmatanga anō o te whawhai. Kāore i roa iho ko te horonga o tō mātou pā. Ka horo whakatetonga, nō te taenga ki te titi, me kati nā te Pākehā i reira e ono rawa o mātou i mate ki reira, heoi ko te pakurutanga tēnei ki roto i te repo. Kāti, ko te rōpū kati nō roto i te repo nei ka tū a Te Raore, ka riro i ahau ana hāmanu, ka mahue iho ia i a mātou ki roto i te repo nei. Nō te pō kātahi a ia ka haere ake.

Heoi ko te mararatanga tēnei o ngā iwi ki ngā wāhi maha o te whenua.

ORAKAU

Thomas Bracken

Three hundred swarthy braves at Orakau —
Savage warriors from Uriwera
And from the hills and gorges of Taupo —
Gathered together to defend the land,
From the encroachments of the Pakeha.
The Ngatimaniapoto were there,
Led on by Rewi Manga, the fearless;
Te Paerata, famed in many fights,
Commanded the Ngatiraukawa tribe,
He was the warrior who cried aloud —
'Me mate au kikonei!' which means:—
'Let us make the pah here, let us die here!'
The dauntless chief Te Whenuanui,
And Hapurona of Uriwera,
Headed their wild and savage warriors.
Te Waru was there with his East Coast braves,
And other chiefs famed in song and story:
Met on the spot to resist the spoilers,
Who had taken the land from the Maori,
In the name of the Queen of the far land.
Only three hundred warriors were there,
Entrenched within the weak unfinished pah.
Only three hundred brave men and women,
To meet the Pakeha, who surrounded
The sod-built fortress with his well-drilled troops,
Nearly two thousand hardy Britons —
The Royal Irish and Forest Rangers,
And Fortieth Fighters under Leslie.

It was the second morning of April,
When the colours in Nature's dress were changing
From the brown and russet hues of autumn
To the dark and sadder shades of winter.
Three hundred lion-hearted warriors
Assembled with Rewi, to fan the flame
Of deadly hatred to the Pakeha
Into a vengeful blaze at Orakau.
Chanting the deeds of their ancestors,
They cried aloud — 'Me mate te tangata,
Me mate mo te whenua!' — which means :—
'The warrior's death is to die for the land!'

Roaring for blood, our early gun
Rent the clouds like a thunder-clap;
Carey cried, 'There's work to be done' —
Close to the walls we pushed the sap,

'Ready, lads, with your hand grenades,
Ready, lads, with your rifles true;
Ready, lads, with your trusty blades,
Ready, lads, with your bayonets, too.

'Now for the Armstrongs, let them roar:
Death unto those that laugh at peace —'
Into the nest our volleys pour —
'Steady there!—let the firing cease.'

'Tis Cameron's voice — 'Tell the foe
To leave the pah, their lives we'll spare,
Tell them, Britons can mercy show,
Nothing but death awaits them there.'

Then Major Mair, with flag of truce before the Maoris stood,
And said, 'Oh friends, be warned in time, we do not seek your blood;
Surrender, and your lives are safe.' Then through the whole redoubt
The swarthy rebels answered, with a fierce defiant shout,
'Ka Whawhai tonu! Ake! Ake! Ake!'

Again spake gallant Mair, 'Oh friends, you wish for blood and strife,
With blind and stubborn bravery, preferring death to life:
But send your women and your children forth, they shall be free.'
They answered back, 'Our women brave will fight as well as we.'
'Ka Whawhai tonu! Ake! Ake! Ake!'

Uprose brave Ahumai then, a chieftainess, and said,
'Oh! what have we to live for, if our dearest ones be dead?
If fathers, husbands, brothers too, as mangled corpses lie,
Why should we stay behind them here? Beside them let us die!'
'Ka Whawhai tonu! Ake! Ake! Ake!'

Again the fiery-throated cannon roared aloud for blood,
Again the hungry eagle swooped and shrieked for human food;
Again wild spirits soaring, saw their shattered shells beneath
In pools of gore, and still was heard defiance to the death.
'Ka Whawhai tonu! Ake! Ake! Ake!'

Now, now, the bold defenders, in a solid body break
Right through the sod-built barricade, o'er palisade and stake,
And leaping o'er the trenches, 'mid a storm of shot and shell;
They rushed to liberty or death, still shouting as they fell:
'Ka Whawhai tonu! Ake! Ake! Ake!'

With wild, untutored chivalry the rebels scorn'd disgrace,
Oh! never in the annals of the most heroic race
Was bravery recorded more noble or more high,
Than that displayed at Orakau, in Rewi's fierce reply.
'Ka Whawhai tonu! Ake! Ake! Ake!'

Hitiri Te Paerata, 1820–1909, who related his eyewitness
account of the battle to Captain Mair in 1888.
Alexander Turnbull Library, PAColl-7512-03

Ngati Maniapoto survivors commemorating the Jubilee of the Battle of Ōrākau.
The group includes two whose eyewitness accounts are reproduced here:
Poupatate Te Huihi (third from left) and Te Huia Raureti (third from right).
Sir George Grey Special Collections, Auckland Libraries, 31-K2804

As for the very last survivor of the Battle of Ōrākau, this is believed to be Atareti Te Hira of Ngāti Maniapoto, who had been a toddler in the pā. She died in 1955, aged about 95.

PAITINI WI TAPEKA OF RUA-TAHUNA.
A survivor of the battles of Te Tapiri and Orakau.

Te Huia Raureti in 1920, when he recalled his experiences of the battle to his son.
Alexander Turnbull Library, PAColl-3033-1-08

Opposite page: Paitini Wī Tāpeka of Ruatahuna, a survivor of the Battles of Te Tapiri
and Ōrākau, as depicted in Elsdon Best's book *Tuhoe: The Children of the Mist*,
where his account of the battle is recorded, and also photographed with Best.
Alexander Turnbull Library, 1/2-004998-G

THE AUCKLAND WEEKLY NEWS

With which is Incorporated "THE WEEKLY GRAPHIC AND NEW ZEALAND MAIL."

AUCKLAND, N.Z., THURSDAY, APRIL 28, 1921.

INTERESTING EXPERIMENT IN EDUCATION: SCHOOL CHILDREN OF TE AWAMUTU, WAIKATO, LAST WEEK REHEARSING INCIDENTS OF THE BATTLE OF ORAKAU, ON THE EXACT SPOT WHERE IT TOOK PLACE 57 YEARS AGO.

Photographs from the *Auckland Weekly News* of schoolchildren rehearsing
incidents from the battle on the exact spot in 1921.
Sir George Grey Special Collections, Auckland Libraries, 31-02804

Postlude

Settling matters

Witi Ihimaera

The figures differ on the number of Māori who were killed at Ōrākau. Official reports of the time estimated between 160 and 200; no children are mentioned among the dead in so far as I have been able to ascertain, although some newspaper reports do mention children.

Some people say that most of the defenders died during the pursuit by the soldiers when they were running from the pā. Officials pulled a veil over the chase by the Forest Rangers; nobody liked to think that a sabre attack may have been commanded or that women were cut down in it. The Royal Irish claimed in their defence that not only were the women dressed in men's clothing, they were short-haired and therefore indistinguishable from the men.

In J. C. Anderson and G. C. Petersen's biography, *The Mair Family* (A. H. & A. W. Reed, 1956), Gilbert Mair writes how he took the Waikato chieftain and Christian lay reader Wī Karamoa with him to identify the Māori bodies:

Most of the bodies had been stripped of even the wretched clothing they had worn. The woman whom I tried to save in the ditch was Hineiturama, formerly the wife of Tapsell, the famous East Coast trader. She, Te Paerata, his son Hone Teri, son-in-law Wereta (my friend!), Piripi te Heuheu, and others, making thirty in all, were buried in the ditch at the south-east corner of the pa. At the edge of the Manuka swamp, where Ariana was captured, twenty-five were buried. On the rising ground straight across the swamp, where the

Maoris headed off in their flight by the Forest Rangers and Blythe's party, thirty were put in one grave. Down the valley there were several smaller graves, containing seven, five, three and so on. Those who were killed in the pa during the siege were buried by their own people where they fell.

Mair's reference to his attempts to save the chieftainess Hineatūrama should be further commented on. The repeated bayonet attack on her weighed on his conscience; he thought he had stopped it, but, when he went back to check on her, discovered that her body showed further bayonet wounds. Anecdotal evidence suggests that some soldiers feared that women would breed sons who would continue to fight, and this might explain why they were subjected to such treatment. In Hineatūrama's case, her clear chieftainess status and the fact that she had once been married to a European may well have inflamed the soldiers further.

The deaths at Ōrākau make the site a wāhi tapu. They have given added urgency to the efforts over the years to have the battle recognised.

The rest of the defenders — who had been inside the redoubt — escaped. Most made it beyond the aukati, the boundary between Crown and Māori territory in the rugged Ngāti Maniapoto land. Those who didn't were taken as prisoners to the Te Awamutu garrison.

Among the escapees was Mere Te Rangipamamao, who became the mother of Dame Rangimarie Hetet, one of Māoridom's most famous weavers. Another was Ahumai Te Paerata, who lived on after being shot in the pā during the retreat of the main band from it. James Cowan in *Hero Stories of New Zealand* (Harry H. Tombs, 1935) takes up her story, narrating her escape through the swamp that lay between Ōrākau Ridge and the Pūniu River. A month later she was to be found continuing to fight the British troops at Tauranga. Eventually she reached her home at Waipapa, near Lake

Taupō, with her brother Hītiri and other survivors of Ōrākau. She was later said to have saved the life of a Lieutenant Meade, who was caught up in a Hauhau celebration: in an act of great generosity, during the council of war she sat at his feet to champion him.

Cowan writes: 'Europeans at Taupō long years afterwards sometimes saw the tattooed white-haired dame as she hobbled into the township for her old-age pension.' Ahumai died in 1908, some forty years after the battle, at Waipapa. She was around eighty-four.

Henry Matthew Stowell, otherwise known as Hare Hongi, wrote an alternative version of the events that happened to Ahumai. In his narrative poem, 'Defence of Orakau Pa' written in April 1899, he describes her as being bayoneted, like Hineatūrama, and he calls her 'Our Lady of the Bayonet'.

Thirty-three Māori were taken prisoner. Of the British troops, sixteen soldiers were killed and fifty-two wounded.

After the fall of Ōrākau, General Cameron thought that the Kīngitanga could be finished off by cutting off their supply route from the Bay of Plenty. But on 24 April 1864, at the Battle of Gate Pā, the British Army suffered a humiliating defeat under Ngāi Te Rangi. However in June 1864, Ngāi Te Rangi warriors were caught in the open at Te Ranga.

Wiremu Tamihana made a separate peace in May 1865, but the majority of the Kīngitanga forces of Waikato-Ngāti Maniapoto did not; instead they withdrew to Te Kūiti. The Crown took 400,000 hectares of their land, and the population of refugees behind the aukati doubled, placing huge pressure on food resources and leading to widespread starvation. It's a story that breaks your heart.

Although they took many years to recover from famine and disease behind this aukati, the King Movement nonetheless remained undefeated.

The failure of the British Army to secure a clean victory at Ōrākau was much criticised, as was the leadership of the regimental commanders like Leslie and von Tempsky in allowing the survivors to escape. Nobody seems to have noticed or taken much account of the fact that the army had been foxed by an enemy who had already run out of ammunition by the end of the second day at least, and who had resorted to women masquerading as men to give the appearance of numbers.

My friend and colleague James Belich writes:

> Moreover, Cameron himself was among the regiment's fiercest critics. General Cameron got in a temper and slanged Colonel Leslie ('Gentle Arthur' as he is called) for letting the enemy pass. But it was less the mechanics of the 40th's failure — there were mitigating circumstances — than its results that lent force to this criticism. Leslie's inability to stop the Maori escape had done nothing less than rob Orakau of its fruits. (James Belich, *The New Zealand Wars*, 1986)

Other commentators refer to the great breakout as having snatched a crowning victory from Grey's hands and turned it into a bitter defeat.

Grey's governorship was terminated in 1868; some say that one reason for this was that he kept delaying the return of regiments to England, so as to quell the rebellions that kept on erupting, 'like fire in the fern'. Grey himself went to England where he tried to make a political career, but failed. He returned to New Zealand where he remained for all but the final few years of his life, including a stint as premier from 1877.

Rewi Maniapoto was injured in the flight from the pā but escaped, thus denying the British the trophy that they would undoubtedly have paraded in Auckland. He continued to wage war against the Government of New Zealand. After the amnesty in 1871, he remained in seclusion, but he was persuaded in 1878 to meet Grey at Waitara, where the two agreed that no more fighting should take place. Their conversation was reported in the *Otago Witness* in 1894.

'It is for you and me to settle matters,' Rewi said.

'I shall be glad to settle all these troubles between the Maoris and Europeans before I die,' Grey answered.

'You are not going to die yet, and neither am I. We are both too tough. If you die before you settle the troubles I shall blame you. But you are not going to die so long as you are working for the country.'

'If I died first you will come and have a tangi over my grave,' Grey responded. 'And if you die, I shall come and have a tangi over your grave.'

'If you die first, I will choose a burying ground for you.'

Sir George Grey later told Rewi that the brave struggle he had made for his people would not be held against him. He is also recorded as saying: 'Rewi let us plant our tree of peace at Kihikihi in the midst of our children and when the tree bears fruit our children both Maori and Pakeha can help themselves.' In 1880, a house was built for Rewi by the New Zealand Government in his home village, Kihikihi; mainly to honour him, the house nonetheless also came with the proviso that the old man would give up his claims for a Crown Grant and waive his pension.

Gottfried Lindauer painted the well-known portrait of the old chief in 1882.

Rewi Manga Maniapoto died at Kihikihi on 21 June 1894; he was in his eighties.

Grey ordered the monument to be erected at Ōrākau to honour the great chief.

Acknowledgements

It was my father, Te Haa O Ruhia Ihimaera Smiler Jnr, who first told me the story of the Battle of Ōrākau. I doubt that there was any boy of my generation who did not hear of Rewi's Last Stand.

With this story, I repay a debt to my father; he was always quoting Rewi Manga Maniapoto's great words. On his behalf and my own, I further pay tribute to the people of Ngāti Maniapoto and to their ancestors who fought during those incredible three days 31 March to 2 April 1864.

Apart from being a descendant of Raharuhi Rukupō, I am also a member of Te Whānau A Kai, which supported Te Kooti Arikirangi, who, like Rewi Manga Maniapoto, had a reputation as one of New Zealand's greatest rebel leaders.

Thanks to publisher Harriet Allan, whose support for the project was such an inspiration; Gillian Tewsley for her editing skills; Abby Aitcheson for her project-editing skills; Tania Butcher for advice on the original short story; and Barry Friend, Hamilton City Libraries, for providing Hītiri Te Paerata's account of the battle (a recent monograph published by Kiwi Publishers, Christchurch, in 1999 might still be found in secondhand book stores, if you are lucky).

I consulted a number of key documents for background research. In particular I am indebted to James Cowan's accounts of the Battle of Ōrākau in *The Old Frontier* (1922, chapter 10) and in *The New Zealand Wars: A history of the Maori Campaigns and the pioneering period, volume 1 (1845–64)* (1923, chapter 38). In writing about the battle I acknowledge Cowan's work and that of newspaper reports of the day as providing the sequence of events against which I framed Moetū's story. Richard J. Taylor's *British Logistics in the New Zealand Wars* (2004) offered insights into military supply.

Witi Ihimaera

Firstly, I would like to thank Witi for honouring Ōrākau and respecting the eyewitness accounts, which provide the foundation of the novella. These accounts were given by various rangatira, including Poupatate Te Huihi, an important ancestor of my hapū and marae.

There is a deep-rooted connection amongst Ngāti Maniapoto and Ōrākau. The translation of the novella is in honour of the many iwi who responded to Manga's appeal for assistance. This collaboration of two descendants of those ancestors is a celebration of the legacy they have left us.

Translating *Sleeps Standing* was not a simple task. It was stimulating to think about the different types of language used by the characters, the language of home and battlefield, mid-nineteenth century Māori concepts and contemporary Māori. I examined a number of key documents, including the Māori newspapers of that era and Williams' *Dictionary of the Māori Language*, first published in 1844. The Māori oral accounts were invaluable in providing an insight into a Māori way of explaining their experience in the three-day siege.

Ka nui te mihi a te ngākau ki aku kaiako i roto i ngā tau, nā koutou ahau i ārahi i roto i tēnei mahi. Kei taku whānau, kei taku hapū, kei te iwi whānui, tēnā hoki koutou.

My appreciation to Penguin Random House for supporting the publication of a bilingual text. I hope that readers, particularly language learners, enjoy both versions.

Finally, I would again like to thank Pānia Papa, who introduced me to the art of translation and has been one of my great mentors. Pānia is a leader of a number of organisations, including Te Panekiretanga o Te Reo (Institute of Excellence in the Māori Language) and Te Mātāwai, which looks at innovative ways to revitalise te reo Māori under the Māori Language Act 2016.

Hēmi Kelly

Kia mau tonu ki tēnā,
Kia mau ki te kawau mārō.
Whanake ake, whanake ake!

Always hold together,
Hold fast like a flock of shags.

Uttered in farewell by the original Maniapoto as he lay dying, this saying became the pepeha or tribal motto of Ngāti Maniapoto. Little black shags forage in tight-knit flocks and fly in a V-formation, at times so close that their wings can appear to touch. It would have been the likely message that Rewi Maniapoto used to encourage unity of purpose and formation as the Ōrākau defenders escaped from the pā.

Rewi Maniapoto, leader of Ngāti Maniapoto, photographed in 1879 by Elizabeth Pulman.
Alexander Turnbull Library, PA2-1359, PA2-2882

He Mihi Whakamutunga

Ō koutou tapuwae i te mata o te whenua
Ngaro noa, ngaro noa
Ō koutou tapuwae i te ngākau o te tangata
Mau tonu, mau tonu
Ngā iwi i whawhai kia mau ai te whenua
Hei oranga mō ngā uri e haruru nei ōna tapuwae
I runga i ngā parekura o te motu
Ka tangi te horu a te tangata
'Homai te rā, homai te rā!'

Hēmi Kelly